Annette Jantzen

Glaubensworte, weiblich

Annette Jantzen

Glaubensworte, weiblich

Biblische Auslegungen und Gebete für heute

HERDER

FREIBURG · BASEL · WIEN

Wenn nicht anders angegeben,
sind die Bibeltexte entnommen aus:
Bibel in gerechter Sprache © 2006,
Gütersloher Verlagshaus, Gütersloh,
in der Verlagsgruppe Random House GmbH.

MIX
Papier aus verantwortungsvollen Quellen
FSC® C014496
FSC www.fsc.org

www.herder.de
Umschlaggestaltung: Verlag Herder
Umschlagmotiv: © Illiya Vjestica via Unsplash
Satz: SatzWeise, Bad Wünnenberg
Herstellung: GGP Media GmbH, Pößneck
Printed in Germany
ISBN Print 978-3-451-39602-1
ISBN E-Book (EPUB) 978-3-451-84612-0
ISBN E-Book (PDF) 978-3-451-84372-3

Inhaltsverzeichnis

Zu diesem Buch

Dieses Buch hat als Vorgänger das Buch „Gotteswort, weiblich“, in dem ich vorgestellt habe, wie eine nichtpatriarchale Gottesrede begründet werden kann, und diese auf die Feier des Gottesdienstes angewandt habe. In dieser Bewegung gehe ich nun weiter – in meinem Nachdenken über Glauben und Kirche, über Gottesworte und Glaubensorte und in meinem Suchen nach Gebetsworten für heute, nach Worten auf Gott hin. Sprache ist mehr als das Gewand für einen unveränderlichen Glauben, sondern Sprache gibt dem Glauben eine Gestalt für die Gegenwart. Darum ist die Krise der katholischen Kirche nicht nur eine Gegenwartskrise, sondern auch wesentlich eine Sprachkrise. Wenn das autoritativ bewahrte und unverändert zu bewahrende, zu wiederholende, einzuschärfende Wort keinen Andockpunkt mehr im gelebten Leben findet, was passiert dann mit ihm? Was passiert dann mit der Wirklichkeit, von der es spricht? Und was mit den Menschen, deren Sehnsucht keinen Ausdruck mehr findet, so wie auch ihr Unbehagen oft diffus bleibt, weil alle Kritik an Machtanspruch, Ignoranz und Diskriminierung, denen sie in der Kirche begegnen, nicht recht erklären kann, wie es zu dieser Gegenwartskrise kommen konnte? Es muss hier mehr geben als die Alternativen der innerlichen oder auch äußeren Emigration aus dieser Kirche, wenn Akzeptanz nicht mehr möglich ist. Denn religiöse Muttersprachen lassen sich nicht so einfach ablegen, sie wirken nach und weiter und es tut gut, zu fassen zu bekommen, woraus sich die Krise speist und wohin ungefähr ein Weg hinaus führen könnte.

Ich schreibe dieses Buch nicht, um eine Idee einer Kirchenreform vorzulegen. Solche Ideen gibt es, sie sind klug und umsetzbar beschrieben worden und schon lange die Vision so vieler Katholik*innen, und ich habe sie in meiner Berufsbiographie mit Freude und Leidenschaft formuliert, für sie argumentiert, sie vertreten und in den jugendverbandlichen Strukturen, in denen ich arbeiten durfte, soweit wie möglich auch umgesetzt. In dieser Hinsicht ist, glaube ich, alles oder zumindest doch vorerst genug gesagt. Auch Wege zu einer Umsetzung sind vorgelegt worden, allein sie laufen ins Leere, weil die Institution der katholischen Kirche sich in eine Sackgasse manövriert hat.

Mein Anliegen ist, mit meiner religiösen Muttersprache umzugehen, durchzubuchstabieren, warum der Raum, in dem diese Sprache gesprochen wird, in einer so tiefen Krise ist, und dann noch einmal zurückzugehen dahin, wo diese Glaubenssprache ihre Ursprünge hat. Von da aus nähere ich mich noch einmal eher assoziativ der Glaubensgemeinschaft heute, bevor ich einen neuen Sprachraum aufmache, in dem ich meine religiöse Muttersprache neu zum Klingen bringe.

Das gliedert dieses Buch in drei Teile: Den Analysen im ersten Teil folgen Auslegungen biblischer Texte im zweiten und theopoetische Texte im dritten Teil.

Wie der Vorgängerband speist sich auch dieses Buch aus meiner Arbeit am Blog „Gotteswort, weiblich", den ich als Frauenseelsorgerin fülle, um für jeden Sonntag einen Text für Menschen bereitzustellen, die Wort-Gottes-Feiern vorbereiten. Mein Schwerpunkt liegt dabei in diesem Band auf der Auslegung neutestamentlicher Lesungen mit dem Fokus auf Texten, von denen aus die Rolle von Frauen in den Gemeinden der neutestamentlichen Zeit betrachtet werden kann oder die heute verwendet werden, um bestimmte Rollenerwartungen zu formulieren und zu sakralisieren. Ausgehend von neutestamentlichen Lesungen gehe ich dabei den Fragen nach, wie von der Zeit mit Jesus erzählt wurde und wie sich dann Glauben und Kirchengestalt ausbildeten, und was das heute sagen könnte zum eigenen Sein oder Nichtsein in dieser Kirche. Weil meine Hauptanliegen (Neu-)Aneignung und Empowerment (Stärkung eigener innerer Ressourcen) sind, nehmen diese Auslegungen nach einigen Überlegungen zum Umgang mit dem Glauben in der Kirche den größten Teil des Buches ein. Aus ihnen erwachsen dann theopoetische Texte, darunter auch zwei, die mit der Form des Midrasch, der aus einem Motiv oder einem Vers entwickelten erzählenden Theologie, eine weitere Anleihe beim Judentum macht.

Ich wähle diesen Zugang der Zusammenstellung von essayistischen und poetischen Angängen, weil sich daraus eine neue Perspektive ergibt. Denn nicht die säkularisierte Gesellschaft oder die Reformkräfte in der Kirche haben eine Gotteskrise, sondern die Kirche steckt in einer Gegenwartskrise. Diese Gegenwartskrise ist innerhalb und für den Geltungsbereich der Ämterhierarchie nur von den Amtsträgern her durch eine deutliche Abkehr von den Entscheidungen zu lösen, die in diese Sackgasse geführt haben. Dass diese Gruppe das (noch) nicht als ihre Aufgabe sieht, hat der Synodale Weg einmal mehr gezeigt. Alle entsprechenden Angänge bleiben (noch) in der Logik der monarchischen Letztentscheidung und des Gehorsams, der Widerspruch diskreditiert und von der Vernunft ihr eigenes Selbstopfer glaubt fordern zu können. Damit sich diejenigen, die entsprechende Änderungen erhoffen, sie aber nicht umsetzen und selbstverständlich auch nicht einklagen können, nicht weiter wund reiben an diesem für sie unlösbaren Konflikt, wähle ich den Weg der neuen Aneignung und Formulierung des neutestamentlichen Glaubens. Mir geht es um eine neue Einwurzelung Gottes in unsere Gegenwart, in unser Leben.

Und: Auch wenn die Verbrechen der sexuellen und sexualisierten Gewalt und deren Vertuschung in der Kirche nur vereinzelt zur Sprache kommen, bilden doch beide den ersten und letzten Grund, die Selbstüberhöhung der Institution und deren Folgen ins Wort zu bringen und nach neuen, nicht kompromittierten Zugängen und Ausdrücken des Glaubens zu suchen. Es steht dabei deutlich mehr auf dem Spiel als gesellschaftliche Anschlussfähigkeit, geschweige denn gesellschaftlicher Einfluss.

Teil 1: Glaubensworte

Die letzte Instanz: eine Leerstelle oder ein Absolutheitsanspruch?

Nichts tötet den Glauben so effektiv, wie der Anspruch, ihn endgültig festzuschreiben. Natürlich kann man dem Glauben auch auf andere Weise zu Leibe rücken: Man kann ihn anderen Menschen aufzuzwingen versuchen, mit ihm Kontrolle über andere Menschen ausüben, Druck aufbauen und ihn auf so eine Art und Weise für eigene Zwecke dienstbar machen, dass er von einer Ideologie nicht mehr zu unterscheiden ist. Aber bei allen diesen Angängen bleibt der Gegenstand des Glaubens zumindest als ein Gegenbild zum Behaupteten, als Ideal, als Hoffnung jenseits der von Alltagslügen gepflasterten Realität eine Instanz, die Geltung hat. Der Anspruch, den Glauben endgültig – man könnte auch sagen: unfehlbar – festzuschreiben, wirkt anders: Er trennt den Glauben vom Subjekt. Er behauptet, dass eine Idee, die dem Subjekt, das sich um das Heranreichen an ein je Größeres müht, als externer Anspruch gegenübersteht, sich für dieses Subjekt auch ohne dessen je eigene Aneignung als unbedingt gültig erweisen könne. Noch deutlicher wird dies, wenn dieser externe Anspruch als Glaubenswahrheit formuliert, was allenfalls Gegenstand einer Debatte sein kann, weil es eine von mehreren möglichen Folgerungen aus einem bestimmten Wissensbestand ist.

Wenn eine Folgerung aus einem bestimmten Wissensbestand, erhoben zu einer bestimmten Zeit und von bestimmten Menschen mit ihren Standpunkten und Begrenzungen, innerhalb eines bestimmten Horizonts des Denkmöglichen und des Glaubwürdigen, in einer bestimmten Formulierung als endgültige Glaubenswahrheit festgeschrieben wird, und noch dazu, ohne dass die eigene Standortgebundenheit offengelegt, geschweige denn reflektiert würde, dann wird das Wesen des Glaubens selbst negiert.

Für Menschen, die ein geschärftes Gehör für die Klänge des Katholischen haben, ist ein Beispiel dafür schnell bei der Hand, nämlich die – päpstlicherseits vergeblich verbotene – Debatte um die Gleichberechtigung der Frauen in der römisch-katholischen Kirche. Fragen der Emanzipation oder, von der anderen Seite aus betrachtet, Fragen der Disziplin zu Glaubensfragen zu machen, ist zwar einerseits ein innerhalb des Systems wirksames Mittel, die Debatte zu beenden – und zugleich ein Instrument, ein System, das den Glauben zum Inhalt hat, nachhaltig und unumkehrbar in sich zu schließen. Es hat aber andererseits im gleichen Zuge aushöhlende Wirkung auf genau diesen Glauben.

In sich geschlossen, aber hohl: Wenn die letzte Instanz in Glaubensfragen benutzt wird, um disziplinarische Entscheidungen durchzusetzen, dann wird damit gleichzeitig der Glaube nicht als je unverfügbare Bewegung auf Gott hin begriffen, sondern der Glaube wird dargestellt als etwas, in dem es eine menschlich gesetzte, letzte Entscheidungsinstanz geben kann. Wenn aber die letzte Instanz nicht eine Frage, ein Immer-je-Größeres ist, sondern in endgültiger Weise behauptet wird, dann wird der Glaube dadurch banalisiert. So wie in der Rechtsprechung auch die Idee der Gerechtigkeit immer ein Je-Größeres gegenüber den konkreten Rechtsurteilen bleibt, so könnte, ja sollte auch im Bereich der Religion die letzte Instanz ein Je-Größeres sein, eine Frage, eine zutiefst persönliche Anfrage, ein Nicht-Wissen, und auch: ein Schweigen, das ins Schweigen Gottes hineinführt. Wie sollte man noch anders sprechen können von der Wirklichkeit Gottes, die im christlichen Glauben als glühende Liebe besungen wird, als Leidenschaft für diese Schöpfung, deren tiefster Grund eben der unbedingte Wille Gottes sei, dass es sie gebe – eine Schöpfung, die auch ganz ohne Zutun des Menschen ein von Schmerz und Leid durchzogenes Dasein durchlebt? Wie sollte man noch anders sprechen können von der Wirklichkeit Gottes, deren Wunsch und Wille diese Welt im Dasein hält, auf der Menschen einander das Leben zur Hölle und zu Schlimmerem machen können? Von Gott sprechen muss in einer leidgeprüften Schöpfung immer auch heißen, von Gott zu schweigen. Mit dem Schweigen ist es aber so eine Sache. Wenn jüdische Mystik davon spricht, dass die gesamte Tora vor der Schöpfung der Welt schon war, aber als ein Text ohne Leerstellen, der darum unentzifferbar blieb, und dass das Schöpfungswerk Gottes darin bestand, die Lücken, die Zwischenräume im Text freizulegen, das Schweigen in die Wirklichkeit zu holen, mit dem es erst eine Unterscheidung von Gott und Welt geben kann, dann ist das eine Vorstellung, die römisch-katholischer Wirklichkeitsdeutung sehr fremd ist. Hier wird in vielen Worten und auf hunderten Seiten des Katechismus festgelegt, was und wie zu glauben ist – das Schweigen scheint hier keine Option zu sein.

Nun liegen zwei Einwände nahe: Erstens, warum direkt mit der Glaubenswahrheit einsteigen? Ist das nicht ein bisschen steil? Fehlen hier nicht grundlegende hermeneutische Überlegungen über die Fähigkeit zur Erkenntnis und die Relativität allen Erkennens? Und zweitens: Ist das nicht ein Zerrbild des römisch-katholischen Kircheseins, wenn nicht mit den Quellen ihrer Mystik, mit dem Schweigen ihrer Kirchenlehrer*innen, mit den klugen und redlichen Debatten ihrer Theologie argumentiert wird, sondern ausgerechnet mit dem Katechismus? Das Problem beim zweiten Einwand ist, dass er natürlich richtig ist, dass aber die letzte Instanz des römisch-katholischen Kircheseins aus der nach außen nicht mehr vermittelbaren Innenperspektive der römisch-katholischen Kirchenhierarchie eben das unfehlbare Lehramt in Person des Papstes und des Bischofskollegiums ist und dass diese letzte Instanz den zweiten Einwand nicht gelten lässt. Genauer: Alles, was es an Mystik, an Schweigen, an eigener Einsicht in die Unvollkommenheit jeden Erkennens und Glaubens in der kirchlichen Tradition gibt, ist nur eine vorletzte Instanz. Das letzte Wort in Glaubensfragen hat der Katechismus, der den Anspruch hat, den authentischen Glauben der Gesamtkirche vorzulegen. Das ist umso tragischer, als er nicht nur vom Standpunkt eines uneinlösbaren Anspruchs aus formuliert, also formal fraglich, sondern an vielen Stellen auch inhaltlich, also von seinem Gehalt her, nicht besonders klug ist. Das ist leider kein gutes Beispiel für die Rechtfertigung des Glaubens vor der Vernunft, und es ist eine eigene

Frage, warum ausgerechnet Joseph Kardinal Ratzinger den aktuellen Weltkatechismus aus der Taufe gehoben hat, mit einer sicheren Antwort auf jede Glaubensfrage.

In einer anderen Zeit und damit auch in einer anderen Welt wäre das weniger problematisch gewesen. Die Diskrepanz zwischen Glaube und Vernunft und die Unmöglichkeit, die Vernunft durch Glaubensautorität von etwas zu überzeugen, was ihr nicht einleuchtet, diese Diskrepanz ergibt sich erst, wenn allgemeines Weltwissen und der Glaubenshorizont der Menschen, die über die Inhalte des Katechismus entscheiden, auseinanderdriften. Noch schwieriger wird es, wenn es nicht nur um die Frage nach dem Göttlichen hinter, in, über dieser Welt geht, sondern wenn die behaupteten Glaubenswahrheiten ganz konkrete ungerechte Aussagen gegen Menschen und Menschengruppen enthalten – Diskriminierungen, Abwertungen, Einschätzungen, die der Vernunft zuwiderlaufen, mehr von Ressentiment gegen aktuelle Wissenschaften getragene als klug argumentierte Aussagen. Beispiele gibt es leider viele: Der abwertende, verletzende, nichtende Umgang mit Menschen, deren Geschlechtsidentität und/oder deren Begehren nicht in die heteronormative Norm passt, die diskriminierenden Aussagen über Frauen und ihr vermeintlich gottgegebenes Wesen, die Abwehr gegenüber den Gendertheorien, die doch ein nützliches Instrument sein könnten, das zu tun, was Aufgabe der Theologie ist, nämlich über die Selbstverständlichkeiten konkreter Realitäten hinauszudenken. Dass ausgerechnet der Vatikan den öffentlichen Diskurs durch die Prägung des diffamierenden Begriffs der „Gender-Ideologie" nachhaltig vergiftet hat, ist eine bittere Pille nicht nur für katholische Feministinnen. Hier zündelt eine weltweit beachtete Instanz an der Freiheit der Wissenschaften, genauso wie sie auch demokratieverachtenden und massiv demokratiegefährdenden Bewegungen Vorschub leistet durch die immer wieder vorgetragene Abwertung der Demokratie, die für die Kirche keine Option sein könne. Das gilt natürlich nur für eine Kirche, die monarchisch verfasst ist. Monarchen, die aus eigenem Antrieb zugunsten der Demokratie abdanken, sind selten, und im Bereich der Religion kaum vorstellbar, da ihr Amt dort auch noch sakralisiert ist und jede Bewegung, die das in Frage stellt, als religiöser Verstoß begriffen werden kann. Die tiefsitzenden Ängste davor zu überwinden, ist für Menschen in religiösen Systemen und Strukturen ausgesprochen schwer, was schade ist, sollte Religion den Menschen doch eigentlich auf das Göttliche hin frei machen.

Gültige Glaubenswahrheiten in einem Buch festzuschreiben, ist paradox in einer Welt, in der Menschen sich der Standortgebundenheit jeder Erkenntnis, jeden Wissens bewusst geworden sind. Das Auseinanderdriften von Katechismus und theologischem Nachdenken, von lehramtlich gesetzter Glaubenswahrheit und Durchbuchstabieren des Glaubens in einer vieldeutigen, nie von einem absoluten Standpunkt aus überblickbaren Welt ist eine Quelle der Gegenwartskrise der römisch-katholischen Kirche. Die mittlerweile allgemein anerkannte Partikularität allen Wissens hat an ihrer Spitze nur zu einem kurzen Innehalten in Bezug auf die Ausübung des unfehlbaren Lehramtes geführt. Ein Ausweg aus dem Dilemma wurde von vielen Instanzen in der Kirche gesucht, nicht aber von der Behörde, die an der Spitze dieser Kirche steht – und man merkt es den offiziellen Äußerungen der obersten Kirchenleitung leider an, dass an ihrer Spitze eine dysfunktionale Bürokratie steht. Diese setzt weitgehend auf das Autoritätsargument und darauf, dass lehramtlich endgültig entschieden sei, was so vielen Menschen offene, drängende, grundstürzende Fragen sind im Bemühen, vom Gottesgeheimnis in dieser Welt zu sprechen. Und dieses Gottesgeheimnis wird sowohl durch den potentiell möglichen Anspruch der Unfehlbarkeit als auch durch die Verwaltung des Göttlichen durch eine Bürokratie höchst wirkungsvoll getötet: Nicht nur indem es verbogen, entstellt, verzerrt würde, weil es mit den Mitteln und Horizonten lange vergangener Zeiten ausgesagt werden soll – das auch, aber das wäre reparabel. Nicht mehr reparabel ist die weit größere Tragik des Gottesgeheimnisses, vermeintlich bewahrt in der römisch-katholischen Kirche, die so großen Wert darauf legt, sich nicht ändern zu können, weil sie keine Vollmacht dazu hätte, sondern von Gott selbst an ihre jetzige Struktur gebunden sei. Diese Struktur ist ein Käfig der Unfehlbarkeit, in der das Gottesgeheimnis schlicht verhungert – an Irrelevanz.

Geltung und Objektivität

Interessanterweise ist die Entwicklung der Kirche zu einer Struktur, in der es eine mit absolutistischer Macht ausgestattete Führung und in der Folge ein wirkungsvolles Durchregieren von oben nach unten gibt, verhältnismäßig jung. Hubert Wolf hat in überzeugend recherchierten Veröffentlichungen dargelegt, wie Papst Pius IX. mit dem Dogma der Unfehlbarkeit des päpstlichen Lehramts durch das Erste Vatikanische Konzil 1870/71 die römisch-katholischen Kirche geradezu neu erfunden hat.

Diese Entwicklung ist die römisch-katholische Antwort auf die Aufklärung. Ein schillernder Begriff, unter dem vieles subsummiert wird – an dieser Stelle geht es mir um den Anspruch der autonomen Vernunft auf Welterkenntnis. Mit der Aufklärung beginnt in diesem Sinn auch die moderne Naturwissenschaft: eine auf Objektivität abzielende Suchbewegung, die auf Evidenz, Nachprüfbarkeit und Reproduzierbarkeit des erlangten Wissens setzt und die metaphysische Erklärungen für unerklärliche Phänomene nicht mehr gelten lässt, sondern zu Lückenbüßern degradiert. Parallel dazu kommt das Herrschaftssystem des Absolutismus an sein Ende, was erst einmal nicht als zwei miteinander kausal verbundene Entwicklungen erklärt, sondern als interessantes Zusammentreffen betrachtet werden soll.

Das gesammelte Weltwissen der sich emanzipierenden Naturwissenschaft war von vorneherein nach vorne, zur neuen Erkenntnis hin offen. Aber erst in einem weiteren Schritt erwachte auch das Wissen um die Standortgebundenheit jeder Erkenntnis. Das betraf vor allem die Geisteswissenschaften – erst herrschte der Anspruch, beispielsweise der historischen Wissenschaften, zu beschreiben, „wie es eigentlich gewesen ist“, ohne heilsgeschichtliche Deutung, aber mit dem Anspruch einer historischen Wahrheit ausgestattet. Erst in einem weiteren Schritt wurde die Erkenntnis gewonnen, dass jede Beschreibung einer gesellschaftlichen Wirklichkeit immer nur eine von einer bestimmten Perspektive aus getätigte Rekonstruktion ist, gefolgt wiederum von der Einsicht, dass schon die Weltwahrnehmung an sich eine Konstruktion ist, sodass es keine Ausnahme, sondern die Regel ist, dass sich Gesellschaften auf eine geteilte Wirklichkeit erst einigen müssen, weil diese nicht als vorgegebene zur Verfügung steht.

Aber auch die Naturwissenschaften und vor allem die Humanwissenschaften standen vor dieser Aufgabe der Einsicht in die eigene Begrenztheit. So wird erst heute das Ausmaß des inhärenten Kolonialismus, Rassismus und Frauenhasses ansatzweise realisiert, der die geographischen, biologischen, ethnologischen Erkenntnisse prägte und ihr Framing bestimmte. Was die Humanwissenschaften angeht, hat sich diese Einsicht immer noch nicht final durchgesetzt, anders sind die Überschreitungen des eigenen Wissenschaftsbereichs nicht erklärbar, mit denen beispielsweise Neurowissenschaftler*innen Erkenntnisse über den in ihrer Vermutung nicht vorhandenen freien Willen beanspruchen.

Die modernen Wissenschaften haben also zwei grundlegende Wenden hinter sich: die kopernikanische, mit der die Erde nicht mehr als Zentrum des Universums erkannt wurde, und die Einsicht in die Relativität allen Wissen, mit der anerkannt wurde, dass es keinen Standort außerhalb des je eigenen Universums gibt, mit dem etwas objektiv beschrieben werden könnte: Denn Objektivität ist das Je-Größere, das Ideal, das immer ein Korrektiv ist, aber selbst schon prinzipiell nie erreicht werden kann.

Das katholische Lehramt hat nun nach einer Phase der überzeugten Ablehnung die Methodik der autonomen Wissenschaften für die theologische Ausbildung übernommen, aber die zweite Wende nicht mitgemacht, nämlich die zur Anerkennung der Standortgebundenheit jedes Wissens, jeder Weltsicht. Diese Anerkennung wird im Gegenteil als „Kultur des Relativismus" abgelehnt, zuletzt ausdrücklich von Papst Benedikt XVI. Die Abwertung der doch dem friedlichen Zusammenleben von Gesellschaften eigentlich sehr dienlichen und zudem auch erkenntnistheoretisch plausiblen Einsicht in die Relativität allen Erkennens als „Relativismus" abzuwerten, ist interessanterweise die mittlere von drei miteinander verwandten Abwertungen, die nicht nur eine vergleichbare Sprachgestalt eint: Als die Moderne in die Wissenschaften einzog und in der Folge eine ganze Menge neuer Instrumente entstanden, den Glauben und seine Grundlage zu verstehen, da wurden diese Instrumente als „Modernismus" verurteilt, und wer ein Amt in der Kirche innehatte oder anstrebte, musste diesem feierlich abschwören. Die biographischen Opfer, die dieser Befehl gefordert hat, sind heute weitgehend vergessen – es waren viele. Und kurz nach der grundsätzlichen Ablehnung der Relativität allen Erkennens als „Relativismus" nahm dann der Einfluss der Gendertheorien Fahrt auf, vom Lehramt der katholischen Kirche als „Genderismus" verunglimpft. Jede der drei Ablehnungen bestreitet fundamental die Berechtigung solcher neuer Denkfiguren, die das Verhältnis des Menschen zu Glaube und Welt neu fassen. Die Folge ist ein alternatives Weltwissen und das wird überall da zum Problem, wo die römisch-katholische

Konstruktion der Wirklichkeit noch eine normenbildende Instanz in einer sich emanzipierenden Gesellschaft ist. Es wird auch zum Problem, wo Menschen redlich und klug ihrem Verstand nachgehen – deren Verlust dieser Glaubensheimat, die ihren Verstand ins Exil zwingen würde, geschieht individuell. Die Normen einer Gesellschaft aber von einem letztlich wissenschaftsfeindlichen Denksystem formen zu lassen, ist gefährlich.

Ein Beispiel für das „alternative Weltwissen" ist der Umgang des kirchlichen Lehramts mit der Geschlechteranthropologie. Der Umstand, dass es eine Vielfalt an körperlichen Ausbildungen der Geschlechtlichkeit gibt, wird vom Lehramt schlicht negiert. Was ist mit Menschen mit zwei X- und einem Y-Chromosomensatz, mit Menschen, deren körperlicher Phänotyp von ihrem Chromosomensatz abweicht, mit Menschen mit Trans*-Identität, die sich sogar in neuronalen Strukturen zeigen lässt – ganz zu schweigen von den vielen Varianten der Geschlechtlichkeit im Tier- und Pflanzenreich? Und wenn es gelegentlich für eine vorsichtige Akzeptanz reicht, wird diese wiederum in die Logik der heteronormativen Weltsicht eingeebnet, indem von den jeweiligen Menschen verlangt wird, sich einzuordnen, auch wenn das auf Kosten ihrer Identität geht. Der Grund der Ablehnung ist dann meistens ein mehr oder weniger dicht von mehr oder weniger klug klingenden Worten umgebenes, im Endeffekt aber schlichtes „Aber in der Bibel steht: ‚Als Mann und Frau schuf er sie'". Man kann das auf so viele Weisen entkräften ... Im Schabbat-Hymnus, mit dem die Bibel beginnt, steht auch, dass Gott Licht und Finsternis schuf und Wasser und Land trennte, worauf z.B. Irmtraud Fischer vielfach hingewiesen hat. Trotzdem gibt es auch die Dämmerung, das Moor und das Watt, und niemand lehnt eine Wattwanderung ab mit dem Hinweis „aber in der Bibel steht: Gott trennte das trockene Land vom Wasser". Dieser Hymnus ist ein Gedicht, kein naturwissenschaftlicher Bericht, und wollte auch nie ein solcher Bericht sein. Dieses Gedicht sagt die Gottgeborgenheit der Welt aus, nicht deren biologische, physikalische, geschichtliche Voraussetzungen und Abläufe. Mit der Bibel gegen Naturwissenschaft zu argumentieren, banalisiert diese alten Texte. Wenn da nur Tatsachen zu finden wären, warum sollte das für uns heute bedeutsam sein? Das ist genauso verfehlt wie die Übertragung des unaussprechlichen Gottesnamens in ein banalisierendes HERR. Wenn im der Sprache entzogenen Gottesnamen nicht die lodernde, heilige Gottesgegenwart begegnet, sondern ein unbegründeter autoritärer Anspruch, warum sollte dieser Anspruch Anerkennung finden? Die Reduzierung der Bibel auf angebliche Tatsachen tut dem Glauben keinen Gefallen: Was nur den Anspruch erhebt, richtig zu sein, erweist sich dadurch noch lange nicht als relevant – und auch nicht dadurch, dass es autoritär auftritt. Zum vollständigeren Bild gehört dann auch, dass die biblischen Texte natürlich Früchte ihrer Zeit und zudem deutungsoffen sind. Durch die Brille des Katholizismus des 19. und 20. Jahrhunderts gelesen, scheinen sie aktuelle Geschlechterdiskriminierung zu bestätigen – durch ihre Rezeption wird diese Diskriminierung dann wiederum sakralisiert. Und zugleich begrenzt diese Brille das Blickfeld, sodass es einiger Ausgrabungsarbeit bedarf, um den Text wieder in einen weiteren Horizont zu stellen, denn die Bibel kann nicht wie ein Katechismus behandelt werden, von dem sie sich grundlegend unterscheidet, und zwar auf mehreren Ebenen: Sie behauptet nicht mit Brief und Siegel Autorität, sondern ihr wird Bedeutung und Geltung immer erst zugeschrieben. Ihre Autor*innen streben nicht Einheitlichkeit und Stringenz an, sondern die Vergegenwärtigung von Erfahrungen. Sie behaupten keine Objektivität, sondern lassen sich in Anspruch nehmen von einem sich bewahrheitenden Glauben – und dieser Glaube ist kein einschnürbares Paket, sondern vielstimmig und vieldeutig, in Entwicklung begriffen, mit Unsicherheiten und Fragen behaftet, eine in den Raum des Entzogenen hin gewagte Bewegung. Natürlich hatten die biblischen Autor*innen noch keinen Begriff von einem immer nur standortgebundenen Weltwissen – es würde dem Umgang mit ihnen aber nicht gerecht, darum für heute auch eine solche Partikularität allen Wissens abzulehnen und sie dafür in Haftung zu nehmen.

Genau so eine In-Haftung-Nahme geschieht aber, wenn vom kirchlichen Lehramt etwa mit dem irreführend übersetzten Satz „als Mann und Frau schuf er sie" weiterhin alternatives Weltwissen produziert und auch noch für verbindlich erklärt wird. Ich wünschte mir, die biologischen Grundlagen einer ethischen Entscheidung oder Haltung würden nicht nur in Bezug auf den Umgang mit Lebensbeginn und -ende rezipiert und als relevant bewertet. Dass nun auch die Genderrollen, wie sie sich im europäisch-bürgerlichen 19. Jahrhundert ausgebildet haben, zur göttlich gestifteten Weltordnung erklärt werden, kann kaum überraschen. Allenfalls, dass damit auch klare Widersprüche zu den eigenen geschichtlichen Quellen einhergehen, ist überraschend. Denn das antike Geschlechtermodell ist ein Kontinuitätsmodell, wohingegen das seit dem heiligen Papst Johannes Paul II. zur göttlichen Ordnung erklärte Modell der strikten Binarität und Polarität eine ziemlich neue Konstruktion ist. Im Vorübergehen wird hier noch einmal deutlich, dass die Heiligsprechung von Päpsten ebenfalls kein objektivierbares Geschehen ist, sondern sehr konkrete Machtstrukturen festigt – so wie auch eine ausbleibende Heiligsprechung hilft, unliebsame Neuerungen zu diskreditieren. Ebenso kennen biblische Texte anders als der Katechismus auch geschlechtliche Vielfalt, wenn sie etwa von Eunuchen sprechen, die keineswegs zwingend gewaltsam kastrierte Männer sein mussten, sondern deren gesellschaftlicher Stand auch eine damals aktuelle kulturelle Überformung von geschlechtlicher Uneindeutigkeit sein konnte.

Ein weiteres Spezifikum kirchlich-lehramtlichen Umgangs mit Wissensbildung ist das Ignorieren von sozialen Prozessen. Was sich in der Geschichte der Kirche wie entwickelt hat, wie es zur heutigen Sammlung normativer Schriften in der Bibel gekommen ist, insbesondere beim Neuen Testament, wie Mehrheiten zustande kommen, wie Einvernehmlichkeit über eine Lehre entsteht ... all das unterliegt natürlich sozialen Prozessen, Machtstrukturen, Interessen. Diese Gegebenheiten zu übergehen und stattdessen das Ergebnis etwa eines Konklaves als von Gott gewirkt zu interpretieren, das führt zur Sakralisierung von Macht, mit der Personalentscheidungen der Kritik entzogen werden. Im Nachgang zu einem Pontifikat ist es dann wie gesagt die Selig- und Heiligsprechung, die das Pontifikat damit auch der historischen Kritik entzieht oder das zumindest versucht. Das faktische Gewordensein von kirchlichen Strukturen und ihren Attributen, etwa die inhärente Geschlechterdiskriminierung, als Wirken des Gottesgeistes zu erklären, ist aber intellektuell unbefriedigend und führt spätestens bei der Theodizeefrage in nicht mehr auflösbare Verstrickungen hinein. Auch bei Gott heißt Schweigen nicht automatisch Zustimmung.

Was ist eine „unfehlbare Lehre" letztlich anderes als der Versuch, eine bestimmte Weltdeutung der Diskussion und der Kritik zu entziehen? Es ist verwunderlich, dass dieser Versuch immer noch unternommen wird, als ob der Umgang der Kirche mit den Fragen nach Sklaverei, nach Demokratie und nach Presse- und Meinungsfreiheit nicht auch schon waghalsige 180-Grand-Drehungen unter gleichzeitiger Verschleierung dieser Wendung nötig gemacht hätte. Wer völlig aus der Zeit fällt, wird irgendwann kein Teil der Gegenwart mehr sein. Der Versuch, etwas als unfehlbar zu erklären und so der Relativität des je subjektiv zu erschließenden Glaubens zu entziehen, führt im Ergebnis zu einer Kirche ohne Freiheit und zu einem Glauben ohne Geheimnis. Wer seinen eigenen Standpunkt nicht als begrenzten Standpunkt kenntlich macht, läuft Gefahr, diesen begrenzten Standpunkt mit einem absoluten Standpunkt zu verwechseln, was weitere Verwechslungen nach sich zieht: des römischen Lehramts mit katholischer Theologie und der römisch-katholischen Kirche mit der Kirche Christi ... Die Folge ist ein Transzendenzverlust gerade in der Institution, die doch den Glauben zum Inhalt haben will. Der so vor Kritik geschützte und gegen Relativierung beschichtete Glaube ist aber einer, der Menschen nicht über die Untiefen der Gottesferne tragen kann, der keine Relevanz entfalten kann, sondern als Behauptung von Wahrheit letztlich nicht mehr von einem banalen Für-objektiv-richtig-Halten zu differenzieren ist. Was sollte etwa eine biologisch selbstverständlich unmögliche Jungfräulichkeit Mariens vor, während und nach der Geburt für eine Relevanz für heutige Sinnfragen entfalten können, wenn es keine Fragen von sozialer Normierung und Kontrolle weiblicher Körper sind?

Das ist alles nun kein Argument gegen einen schlichten Glauben. Ein schlichter Glaube kann ein Segen für Menschen sein, er kann tragen, er kann Gemeinschaft stiften, er kann selbstverständlich zum Guten sein und zum Guten führen. Niemand muss sich in den Diskussionen um Glaube und Vernunft, Objektivität und Geltung zurechtfinden, um ein Recht auf einen Glauben zu haben und darauf, diesen Glauben zu praktizieren. Anders sieht es aus, wenn man in und durch Glaubensfragen Macht über andere ausüben kann. Macht muss immer zu rechtfertigen sein, wenn sie legitim sein will. Und wenn es um eine Rechtfertigung des Glaubens geht, ist eine ausschließlich systemimmanent plausible Argumentation nicht zielführend. Wenn Katholik*innen wollen, dass ihr Glaube gesellschaftlich relevant bleibt, müssen sie sich auf Argumentationen auf der Wissensbasis dieser Gesellschaft einlassen. Dann müssen sie unterscheiden zwischen Fakten und Deutungen und die Grenzen ihrer Aussagen akzeptieren – etwa dass man nicht sinnvoll mit der Bibel gegen die Geschlechtsidentität eines Menschen argumentieren kann. Im Gegenzug können sie dann auch die Grenzen der Aussagefähigkeit ihrer Gegenüber markieren und deren Achtung einfordern: Naturwissenschaftlich lässt sich kein Glaube beweisen oder widerlegen.

Der Grund, dass ich mich als Mensch des 21. Jahrhunderts in Mitteleuropa noch mit solchen basalen Fragen der Legitimität und Begrenztheit von Weltdeutungen befasse, liegt an dem oben erwähnten interessanten Zusammentreffen, dass der Absolutismus in der Kirche aufzublühen begann, als er im Nachgang der Aufklärung politisch unterging. Als sich im 19. Jahrhundert in Europa die Nationalstaaten bildeten und der Absolutismus an sein Ende kam, formierte sich dieser Absolutismus in der römisch-katholischen Kirche erst zu seiner heutigen Gestalt. Mit den Mitteln der Moderne – schnelle Transport- und Kommunikationswege vor allem – wurde ein antimoderner Machtanspruch durchgesetzt. Als Katholikin bin ich heute ein Mensch mit katholischer religiöser Muttersprache, und das ist eine tiefe Prägung, die ich nicht einfach hinter mir lassen kann und will – und zugleich bin ich Mitglied einer Institution, die aus diesem antimodernen Machtanspruch heraus die Gestalt herausgebildet hat, die wie ein Fragment einer längst und zum Glück überholten Epoche in die freiheitlich-demokratische Grundordnung unserer Gesellschaft hineinragt. So bin ich in meiner Glaubensgemeinschaft in der guten Gesellschaft so vieler kluger Theolog*innen, redlicher Amtsträger und engagierter Glaubensgeschwister. Aber in ihrer Hierarchie, die Teil ihres Selbstverständnisses ist, entzieht diese Glaubensgemeinschaft immer wieder neu ihr eigenes Gewordensein der historischen Erklärung und damit auch der Möglichkeit, Alternativen zu ihrem So-Sein zu entwickeln. Bei der Ämterfrage ist das offensichtlich: Historisch lässt sich belegen, dass die Geschlechterfrage erst allmählich relevant wurde, dass Eucharistievorsitz und Gemeindeleitung erst mit der Entwicklung des Hauptamtes verschmolzen und auch erst dann die Opfertheologie in der Deutung des Brotbrechens dominant wurde. Heute werden beide Entwicklungen, die zum hauptberuflichen Amt und die zur Deutung der Eucharistie als Opfer, als immer schon gegebenes Glaubensgut behauptet und die weitere Diskussion der Geschlechterfrage – zumindest in der Theorie – verboten. Es ist kein Zufall, dass dieses Diskussionsverbot von Johannes Paul II. erlassen wurde, als die anglikanische Kirche ihr Amt für Frauen öffnete. Und diese Einschärfung einer der geschichtlichen Betrachtung entzogenen, mit aller verfügbaren Autorität durchgesetzten Lehre wird einerseits im puren Fortbestand der so gerechtfertigten Ämterhierarchie immer wieder neu aktualisiert. Andererseits zeigt sich hier auch die innere Erosion dieser Autorität und vielleicht auch dieser Ämterhierarchie: Denn die Diskussion ist durch ein päpstliches Verdikt nicht mehr zu beenden, sie lässt sich nur noch bei arbeitsrechtlich von der katholischen Kirche abhängigen Gläubigen mit Sanktionen bewehren und sie erweist sich, um einen treffenden Ausdruck von Hans-Joachim Höhn zu verwenden, als ein ungehört verhalltes Wort, als eine Lehre, die einen Defekt in sich trägt. Und diese Lehre kann erst in einem Klima gedeihen, in dem mit den Mitteln der Moderne ein vormodernes Welt- und Gottesbild durchgesetzt werden soll. Dieses Fragment einer vergangenen Epoche lässt sich kaum noch einpassen in das Gesamtbild der heutigen Selbstorganisation demokratiegewöhnter Bürger*innen, aber diese Nicht-Passung wird innerkirchlich gern sakralisiert als ein Ausdruck besonderen Glaubensgehorsams, als sei der demokratische Staat heute ein Gegner, vergleichbar dem römischen Reich in der Zeit der Christ*innen-Verfolgungen. Wenn das Erleben, im Widerspruch zur umgebenden Gesellschaft zu stehen, aber per se sakralisiert wird, dann wird man blind für die Segnungen dieser gesellschaftlichen Entwicklung, der wir unsere heutigen Staatsstrukturen verdanken, und kann sie nicht mehr als Zeichen der Zeit, als Ort theologischer Erkenntnis deuten: Von da aus ist es nur noch ein kleiner Schritt bis dahin, auch die Geltung der allgemeinen Menschenrechte nicht zu akzeptieren und diese Nicht-Akzeptanz religiös zu begründen, so als fände die göttliche Instanz, auf die man sich beruft, ungerechte Strukturen eigentlich ganz in Ordnung. Wer das mit Autoritätsanspruch vertritt, muss sich gewahr sein, dass man sich Autorität verdienen muss. Autorität wie Macht ist nur geliehen und funktioniert nur solange, wie andere sie jemandem in die Hände legen oder man sie gewaltsam durchsetzen kann. Sich Autorität zu verdienen, geht schon per se nicht mit Autoritätsargumenten, die ja auch keine Argumente im Wortsinne sind. Das Beharren auf Autoritätsargumenten und das Bemühen, die drängenden Fragen der Diskussion zu entziehen – es mag im weltweiten Aufschwung demokratiefeindlicher Strömungen sogar vorübergehend faktisch erfolgreich sein, erfolgreicher und besser aussehend als das mühsame Zurechtkommen mit der Bruchstückhaftigkeit des jeweiligen begrenzten Weltwissens. Nur zum verantworteten, freien Glauben führt es nicht. Und leider ist das nicht nur ein Geschehen auf der Ebene der höchsten Kirchenleitung oder auf der Ebene der theologischen Auseinandersetzung, sondern es ist ein Geschehen, das tief hineinragt in die kollektive Feier, Aneignung, Vergewisserung und Sichtbarmachung des Glaubens, bis in das Herz des kirchlichen Gottesdienstes.

Gebetet ohne zu beten. Über den Verlust des Gebets im katholischen Gottesdienst

Wenn Glauben mehr ist, als etwas für wahr zu halten, dann ist Beten mehr, als Worte zu sprechen. Dann braucht das Gebet die Bindung, die Beteiligung der betenden Person. Darum sieht das katholische Messbuch auch vor, dass bei den Kollektengebeten in der Eucharistiefeier – Tagesgebet, Gabengebet, Schlussgebet – nach der Aufforderung „Lasset uns beten" eine Stille folgt, in der die Anwesenden schweigend beten, bevor dann der Gebetstext folgt, der diese Gebete zusammenfassen und ihnen einen gemeinsamen sprachlichen Ausdruck geben soll.

Bei der konkreten Gestaltung der katholischen Liturgie bleibt diese Perspektive oft verstellt; das liegt aber nicht nur daran, dass die Stille oft nicht gehalten wird – und wenn sie gehalten wird, viele Anwesende ihren Sinn nicht kennen –, sondern vor allem daran, dass die vorgegebenen Gebetstexte sich häufig als untauglich erweisen. Ihr oft geschraubter Stil, ihre Armut an Gottesbildern, ihr belehrender Duktus mag da weniger ins Gewicht fallen, wo sie Menschen so vertraut sind, dass sie in die Gebetsworte hineinwachsen, die Worte mit eigenen Vorstellungen füllen und sie zur Hülle für das eigene Beten werden lassen können, so wie es mit dem Psalmgebet auch möglich ist. Diese Möglichkeit will ich nicht ausschließen, auch wenn ich den Verdacht habe, dass es ein Glücksfall ist, wenn man in diesen Gebetsworten tatsächlich wachsen kann, und dass die Prägung durch diese Gewohnheit auch eine Deformation, ein sehr gestutztes Wachstum des eigenen Glaubens bedeuten kann.

Ohne die Vertrautheit der Gewohnheit aber laden die Gebete kaum ein, das eigene Beten, die eigene innere Beteiligung in die gehörten Gebetsworte hineinzulegen, sie nachzuvollziehen, sie innerlich mitzubeten und so das vorgetragene Gebet mitzutragen, es zum eigenen Gebet werden zu lassen. Das ist darum besonders schade, weil es ja eigentlich die sammelnden Gebete sein sollten, die die Gemeinde betend auf Gott hin einen.

Man kann an den Kollektengebeten vieles kritisieren – ihre verengten Gottesbilder, ihre veraltete Theologie, ihren Hang zum Dozieren: Weil so vieles verlorengeht, wenn die Gottesbilder, die Gott ja immer unähnlicher als ähnlich sind, so wenige sind, dass so viel von Gottes Schönheit ungesagt bleibt. Weil es ein Skandalon ist, wenn all das redliche, im Angesicht der Gräuel dieser Welt ringend verantwortete theologische Bemühen um eine trotzdem noch mögliche Gottesrede sich überhaupt nicht in der Liturgie auffinden lässt. Weil im Gegenteil hier unerschrocken und gottprotzig weiterhin vollmundig von Allmacht, Vorsehung und Liebe gesprochen wird, als würden diese Begriffe nicht selber mehr Fragen aufwerfen als beantworten – Fragen, die damit einfach übergangen werden. Da ist es dann auch kein Wunder, wenn Menschen, die in ihren jeweiligen Wissensbereichen sehr klug argumentieren können, den christlichen Glauben mit Begründungen ablehnen, die auf Gott hin keinen Gedanken zu viel verschwenden. Die Theologie nach Auschwitz kommt in diesen Gebeten nicht vor, als wäre nichts gewesen – man kann es nicht verübeln, wenn Menschen sich darum abwenden und diese Art des unerschrockenen Betens oder gleich den ganzen Glauben, der sich darin ausdrückt, ablehnen. Es läge in der Verantwortung der Bischöfe, die liturgischen Kommissionen diverser zu besetzen und mit mehr theologischem Mut auszustatten, damit nicht die Angst vor Fehlern und Sicherheitsverlust die Gestaltung der Texte bestimmt.

Neben diesen offensichtlichen Gründen, die derzeit vorliegenden Kollektengebete zu kritisieren, gibt es aber noch eine Perspektive, und das ist ihre Verbindlichkeit. Sicher können die Liturgen die Verbindlichkeit ablehnen und die Gebete abändern – aber dieser Hinweis entschärft nicht die Zumutung der verbindlichen Vorgabe. Diese Vorgabe sorgt auch dafür, dass viele Liturgen, die Messtexte abändern, ergänzen, austauschen oder in neuen Übersetzungen verwenden, denunziert oder diffamiert werden können, weil ihr Tun so als Verstoß und nicht als Übernahme liturgischer Verantwortung eingeordnet werden kann.

Drei Probleme werden durch diese so oft theologievergessenen kirchlich-liturgischen Vorgaben sichtbar:

das Streben nach Einheitlichkeit, die Nicht-Anerkenntnis der Möglichkeit einer säkularen Weltdeutung und das Beharren auf Deutungshoheit, wobei die beiden letzteren eng miteinander verwoben sind.

Tradition wird sehr eng, wenn das Schöpfen aus dieser Tradition gleichgesetzt wird mit der Beschränkung auf direkte Übersetzungen aus den lateinischen Messtexten, wie sie vom Vatikan vorgegeben werden. Die Kirchenleitung scheint dem Wirken des in der Kirche doch lebendig geglaubten Gottesgeistes wenig zuzutrauen, wenn die jeweiligen soziokulturellen Umstände so wenig Niederschlag in der Liturgie finden dürfen. Erzwungene Einheitlichkeit führt nicht zur Erfahrung von Einheit, sondern zur Erfahrung von Vereinheitlichung und Entfremdung. Wir erleben das nicht nur in Deutschland derzeit in dramatischen Ausmaßen. Man kann nun sagen, dass die vorgegebene Gewohnheit auch Beheimatung bedeutet – zu Hause zu sein in oft gehörten Worten, in Formeln und Wiederholungen. Die Gewohnheit und das Streben danach, sich in sie hinein zu beheimaten, haben ihre Berechtigung. Es wird aber da ein Problem, wo aus der Gewohnheit die Macht der Gewohnheit wird und wo diese Macht bewusst und gezielt eingesetzt und ausgespielt wird – auch und gerade gegen die Aufbrüche, die daraus erwachsen können, dass Menschen ihre Gegenwart ins Gebet bringen.

Damit, nämlich die Gegenwart ins Gebet zu bringen, würde man tun, was die Aufgabe von Theologie auf Weltdeutung hin ist: Die Welt und ihre Zusammenhänge, wie sie naturwissenschaftlich, historisch, gesellschaftlich darstellbar sind, durchsichtig machen auf Gott hin. Theologie darf keinen alternativen Wissensbestand darstellen, weil damit Vernunft und Glaube in eine Konkurrenz geraten würden, die letztlich zu klein von Gott denkt – denn wenn unsere Erkenntnisfähigkeit uns auch zum Glauben fähig macht, dann darf dieser Glaube nicht im Widerspruch zur Vernunft stehen. Er darf sie allerdings übersteigen, er muss es sogar, denn mit naturwissenschaftlichen Mitteln lässt sich Glaube aus logischen Gründen weder be- noch widerlegen. Hierin liegt auch die Ausgangsthese begründet: Wenn Glaube mehr ist als etwas für wahr zu halten, dann ist Beten mehr als Worte zu sprechen. Darum braucht es zum Gebet die Beteiligung der Beter*innen, und darum kann das Gebet sich nicht in einem gänzlich von der sonstigen Erfahrungswelt getrennten Bereich abspielen.

Der Unterschied zwischen dem Vortrag des Gebets und dem Beten selbst ergibt sich nämlich nur, wenn es einen Unterschied geben kann zwischen der Welt, wie wir sie vorfinden, und der Deutung, die wir ihr geben. In einem vormodernen Weltbild, in dem es keine Differenz zwischen Welt und Weltdeutung gibt, braucht es auch keine Unterscheidung zwischen der Geste und dem Wort auf der einen Seite und dem Gehalt, der Bedeutung von Geste und Wort auf der anderen Seite. Wenn man aber unterscheiden kann zwischen Wort und Bedeutung – und das heißt auch: zwischen den Worten des Gebets und dem Gebet an sich –, dann geht damit ein Verständnis von Gebet einher, das auf Gottesbegegnung abzielt und darum eine innere Beteiligung der betenden Person braucht. Ansonsten bleiben die Worte ein nur zitiertes Gebet, eine Behauptung auf Gott hin, die sie nicht einlösen können. Das Gebet in diesem Sinn braucht Subjektivität – die Subjektivität einer Freiheit, die sich auf Gott beziehen kann. Die Kirche, die doch die Freiheit der Person in Bezug auf den Glauben bekennt, sie traut dieser Freiheit wenig zu; und der Verdacht drängt sich auf, dass sie auch das Eigenrecht einer säkularen Weltdeutung nur halbherzig anerkennt und stattdessen implizit doch noch eine standortungebundene Erkenntnis für sich beansprucht.

Sie scheut die Subjektivität und die aus ihr notwendig folgende Individualität. Das, was die liturgische Bewegung in grundstürzender Weise vor 100 Jahren entdeckte, nämlich „die Messe zu beten (statt zu hören)", was sie gar als „das Erwachen der Kirche in den Seelen" (Romano Guardini) begriff, das wurde in der Liturgiereform nur halb umgesetzt: Die Verpflichtung auf einen bestimmten Wortlaut – und die Verschärfung aus dem Jahr 2001, dass wörtlich aus dem Lateinischen zu übersetzen sei – bezieht sich explizit darauf, dass nicht die innere Verfassung der Gläubigen eingeholt und auf Gott ausgerichtet werden solle, sondern ewige Wahrheiten auszudrücken seien. Damit ist aber das Gebet nur unzureichend von einem magischen Ritual abgegrenzt, das unabhängig von der persönlichen Beteiligung der Person eine Wirkung auf die Welt und Gott haben soll. Die Kirche, die in den Seelen erwachte, sie wäre getragen von der subjektiven Erfahrung der Einzelnen. Sie würde die säkulare Welt durchsichtig machen auf Gott hin, ohne damit eine Deutungshoheit über diese Welt zu beanspruchen. Dieses Erwachen der Kirche in den Seelen wurde aber im letzten Konzil, das doch auch Frucht der liturgischen Bewegung war, nur halb anerkannt: Zwar wurden in seiner Folge über

50 Jahre später die zahlreichen und eindeutigen Verstöße und Übertretungen gegen die liturgischen Vorschriften legitimiert, von denen die Verwendung der Volkssprache und die Versammlung um den Volksaltar die augenfälligsten waren. Die Begründung dieser Übertretung wurde aber nur teilweise nachvollzogen.

Die Trägerinnen und Träger dieser Erfahrung in der Burgkapelle von Burg Rothenfels und anderswo in den Jugendverbänden erlebten den qualitativen Unterschied von einem als objektiv wirksam verstandenen Ritual und der subjektiven Aneignung dieses Rituals. Auf die Gebetssprache übertragen: Sie erlebten den qualitativen Unterschied zwischen einem gehörten Gebet, dessen Wortlaut wichtiger ist als seine Verständlichkeit, und dem innerlich mitvollzogenen Gebet. In der Liturgiereform wurde nun das Gebet in der Liturgie in verständliche Sprache übertragen, es wurde darauf geachtet, dass die Gemeinde wirklich mitbeten konnte – aber die Wichtigkeit des Wortlauts wurde beibehalten. Die Gemeinde soll also nicht mit ihren Worten beten, sondern sich prägen lassen von den vorgegebenen Worten, diese zu ihrem eigenen Gebet machen. Es kann, wie gesagt, ein Weg religiösen Wachstums sein, sich eine widerständige Gebetssprache anzueignen. Aber es macht dann doch noch einen Unterschied, ob das eine so durchbetete Sprache ist wie die der Psalmen, oder ob es eine lehramtliche, autoritätssichernde, auf Korrektheit bedachte Sprache ist, der die individuelle Freiheit der Betenden suspekt bleibt und der letztlich auch ein biblisches – vielseitiges, in menschlichen Erfahrungen ausgedrücktes, mit Emotionen belegtes – Gottesbild deutlich ferner liegt als eines, das von der griechischen

Philosophie geprägt ist. Dass das in den liturgischen Vorgaben transportierte Gottesbild auch von patriarchalen Vorstellungen durchtränkt und einseitig männlich ausgedrückt ist, ist naheliegend.

Nun kann man entgegnen, dass zeitgenössische Gebetssprache auch sehr zeitgebunden und damit bald wieder veraltet ist. Das mag stimmen – das gilt aber für traditionelle Texte auch. Und: Es stimmt umso weniger, je erfahrungsgesättigter und damit auch erfahrungsaufnahmefähiger ein Text ist. Manches Gebet aus den 1970er oder 1980er Jahren wirkt heute bizarr – aber auch nicht deutlich bizarrer als manches heute verbindlich vorgegebene Gebet, das genauso aus der Zeit gefallen zu sein scheint. Nicht das Ausmaß an Nicht-Passung macht hier den Unterschied, sondern das Framing: Die Gebete aus den 1970er oder 1980er Jahren lassen sich in der Regel ihren Autor*innen und ungefähren Entstehungszeiten zuordnen und gelten als zeitbedingt; die verbindlichen Texte des römisch-katholischen Messbuchs hingegen werden bewusst nicht mit dieser Kontextualisierbarkeit ausgestattet. So beanspruchen sie eine überzeitliche Geltung, obwohl auch sie sehr konkreten Denk- und Lebenszusammenhängen entspringen und häufig auch über diese konkreten Zusammenhänge hinaus nicht mehr ins Beten zu führen vermögen.

Dabei gibt es eine gute Begründung für ein wenig subjektives Gebet: Man gerät schnell in den Bereich spiritueller Übergriffigkeit, wenn man als Vorbeter*in zu persönlich wird und dadurch Menschen näheren Einblick in das je eigene Beten gibt, als diese wollen, und das auch noch, ohne dass sie sich dem entziehen könnten. Auf der anderen Seite steht, dass das, was für alle passen soll, letztlich niemandem wirklich passt. Dann bleibt, was ein Gebet werden könnte, ein ungebetetes Wort, und damit auch ein belangloses. Die Balance zu halten zwischen Authentizität und Allgemeinheit, zwischen dem vorbetenden „Ich" und dem unterstellten „Wir", das ist eine Herausforderung. Sich an Glaubensgeschwistern zu orientieren, aus der Tradition zu schöpfen, anzueignen, was passt, wegzulassen, was nicht passt, und dabei natürlich sich Rechenschaft zu geben darüber, dass das keiner Bequemlichkeit entspringt, das ist anspruchsvoll, und nicht jede*r muss jeden Gottesdienst selbst durchkomponieren.

Es wäre aber schon viel gewonnen, wenn unsere Gottesdienste nicht nur geduldeterweise persönlicher, gegenwartsfähiger, zugänglicher sein dürften, sondern wenn sie es sogar sein sollten, weil diese Welt Gottes Welt ist und wir in dieser Welt zu Hause sind. Es bräuchte liturgische Leerstellen, die ausdrücklich von den je Verantwortlichen zu füllen und zu gestalten wären – auf dass ihnen diese Verantwortung auch wirklich zugetraut und übertragen werde und sie mehr Vor- als Nachbeter*innen sein dürften. Das hieße, die Zäune des Misstrauens abzubauen. Und es hieße, nicht nur den Feiernden, sondern auch Gottes Gegenwart mehr zuzutrauen, sie nicht nur zu behaupten, sondern sie innig zu feiern und sprachlich zum Leuchten zu bringen.

Sprechen …

Wir brauchen eine Sprache für Spiritualität. In der Kirche sprechen wir viel und sagen wenig – wir vermitteln Glaubenswissen, wir legen Texte aus, wir rezipieren und reproduzieren vorgegebene Gebete, wir stützen uns darauf, dass die angestrebte Allgemeingültigkeit der Formulierungen Einheit gewährleistet. Und in alldem sind wir vergleichsweise ungeübt darin, über unseren je eigenen Glauben zu sprechen. Einerseits, weil er etwas sehr persönliches ist, mitunter auch schambehaftetes, weil, wenn wir darüber etwas offenbaren, das Blicke zulässt ins Ureigene, uns mit unserer Angewiesenheit zeigt und uns verletzbar macht. Zugleich entsteht da, wo es gewagt wird, ein Raum heiliger Begegnung, können die Seelen der Beteiligten gesättigt werden an einer miteinander geteilten Gegenwart. Diese Gegenwart sprachlich zum Leuchten zu bringen, ist mein Anliegen als Theologin in der Bewegung der Theopoesie. Und andererseits sind wir vergleichsweise ungeübt darin, weil es eben in der kirchlichen Traditionsgemeinschaft keine besondere Einübung in das je persönliche Sprechen gibt. Das Bemühen um die einheitliche Gemeinschaft erhält hier in der Regel mehr Gewicht als das Bemühen um das je Persönliche. Zudem wird das persönliche Sprechen eher als möglicherweise irrig betrachtet, wohingegen das kirchenoffizielle Sprechen gegen diesen Verdacht mittels vereinheitlichter und vereinheitlichender Sprache zu immunisieren versucht wird. Dieser Sprachform ist zudem noch eine starke einseitig-männliche, patriarchalische Prägung zu eigen. Frauen und andere Nicht-Männer sind als Subjekte religiösen Sprechens immer noch die Abweichung von der als allgemeingültig gesetzten, unbewusst akzeptierten und reproduzierten Norm des Männlichen. Eigenes religiöses Sprechen ist in dieser Tradition darum auch im 21. Jahrhundert noch ein emanzipatorischer Akt, eine Aneignung und Wiederentdeckung. In der römisch-katholischen Kirche kreuzen sich zudem die Diskriminierungslinien „Männer versus Nicht-Männer“ und „Amtsträgern versus Laien“ – Hildegund Keul nennt diese Konstruktion treffend „ein misogynes System, wo spirituelles Mansplaining zum Alltag gehört“. Es ist im Übrigen eine Ordnung, in deren Recht es nach der Exkommunikation die Höchststrafe für Amtsträger ist, wieder genauso zu werden wie alle aus dem „Volk Gottes“, also ein Laie, einer wie alle. Alle Rede vom gemeinsamen Priester*innentum aller Gläubigen vermag die Kluft nicht zu überbrücken, die sich auftut, wenn man sich das vom Standpunkt der Lai*innen aus bewusst macht. Da die Ausbildung der künftigen Amtsträger auch oft genug nicht den größten Wert auf eine je persönliche Sprachfähigkeit über den Glauben und im Beten legt, ist für die einen das religiöse Sprechen schwierig, weil es ungewohnt ist, weil es oft genug auch gar nicht gefragt ist, sondern ein unverändertes (Sprech-)Ritual erwartet wird, und für die anderen ist es schwierig, weil zuerst das verinnerlichte Nicht-Dürfen zu überwinden ist, und weil es auch nicht selbstverständlich ist, die eingeübten, im je eigenen Glauben vielleicht gar nicht mehr resonanzerzeugenden Sprechgewohnheiten zu verlassen.

Die nicht mehr resonanzerzeugenden Sprech- und auch Hörgewohnheiten sind oft solche, die den Glauben in moralisierender oder autoritativer Weise verstehen und religiöse Texte nicht als Erfahrungstexte erschließen. Für ein bloßes Für-richtig-Halten braucht es kein Ausgreifen nach einem je Größeren, nach einer letzten Instanz, die sich dem definierenden Wort entzieht. Ein entlang der Schemata von richtig und falsch sortiertes Glaubensgebäude ist in der Regel nicht erdbebensicher gebaut – es stürzt oft genug ein, wenn die Grundfesten durch die Erfahrung der Ohnmacht, des Schmerzes, der Nicht-Notwendigkeit der eigenen Existenz erschüttert werden. Und es ist nicht attraktiv als Obdach für die suchende Gottesrede. „Spann den Raum deines Zeltes weit" (Jes 54,2) – das ist auch eine Ermutigung zum Vorübergehenden, zum Wort-für-Heute, zum Nicht-Wissen-und-trotzdem-Glauben.

Die nicht mehr resonanzerzeugenden Sprech- und Hörgewohnheiten und die daraus resultierenden Diskriminierungen sind auch solche, die zurückgehen auf frühe Webfehler der christlichen Überlieferung. Die Vorstellung einer Gottheit, die ein Sühneopfer des Menschensohnes am Kreuz fordert, kann als ein solcher Webfehler verstanden werden: Sie verwendet die bestehenden Traditionsfäden, aber sie verwebt sie in einer neuen Weise, die zwar lose anknüpft an die hebräische Bibel und auch an Glaubensaussagen der frühen Jesus-Gemeinden, aber beide dabei so stark verzerrt, dass ein beiden Quellen fremdes Gottesbild entsteht. Und um mit diesem Gottesbild zurechtzukommen, braucht es einen von Priestern garantierten Opferkult. Die entstehende Rolle des Priesters wiederum wird assoziiert mit Vorstellungen von Reinheit und Unreinheit, die beide einerseits an die

Qualitäten von Gut und Böse und andererseits an Konzepte von Körperkontrolle und tiefem Misstrauen der menschlichen Sexualität gegenüber ankoppeln. Kann das entstehende religiöse Gebilde in der Antike und Spätantike noch im religiösen Raum der Mittelmeer-Region und des Römischen Reiches mitschwimmen, so ergibt sich nach den Wandlungs- und Häutungsprozessen durch Mittelalter, Reformation und frühe Neuzeit im europäischen Westen im langen 19. Jahrhundert ein autoritativ auftretendes Konglomerat von moralisierendem, definitorischem Sprechen über Gott, Sünden-, Sexualitäts- und Hierarchiefixierung sowie Moderneverweigerung, das sich in einer Gesellschaft, in der die Konkurrenz von Sinn- und Deutungsangeboten stetig zunimmt, als immer weniger vermittelbar erweist – und bei mancher Garnitur des so von einengenden Schichten überlagerten Wortes-von-Gott ist es auch nicht schade drum.

Abgesehen von allen inhaltlichen Problemen hat es religiöse Sprache schwer in einer Welt, in der naturwissenschaftliche Maßstäbe nicht nur an naturwissenschaftliche, sondern auch an philosophische und religiöse Aussagen angelegt werden. Sie hat es umso schwerer, wenn sie die eigene Nicht-Objektivierbarkeit nicht anerkennt, sondern im Gegenteil objektive Geltung beansprucht. Sie will so mitspielen auf dem Spielfeld der objektiven Begründbarkeit, aber sie verpasst dadurch die Chance, die Räume zu füllen, die von naturwissenschaftlichen Angängen aller ihrer Selbstüberschätzung zum Trotz nicht gefüllt werden können, Räume von Sinn- und Lebensfragen, Räume für das Mehr-als-Alles. Sie verpasst die Chance, einen anderen Weltzugang zu eröffnen und die Sprache der

Seele, der Träume und der Ahnungen so zum Klingen zu bringen, dass sie das Geheimnis des Lebens und Sterbens, des Aufgehobenseins und Bewahrtwerdens, der Gottgeborgenheit der Welt aussagen könnte.

Wir brauchen eine Sprache für Spiritualität, für die Ahnung des Göttlichen in unserem Leben. Ein erster Schritt dahin ist, von einigen wirkmächtigen – um eine allzu große Disparität zu vermeiden, auf die neutestamentliche Lesungen beschränkten – biblischen Texten die Schichten von Geltungsansprüchen und Diskriminierung anzuheben, um zu einem Wort von Vertrauen und Freiheit vorzudringen. Wir brauchen aber nicht nur einen weiteren Blick auf die Quellen des neutestamentlichen Glaubens, sondern dann auch den Schritt aus dem Käfig der Unfehlbarkeit hinaus, einen Schritt auf den weiten Raum des religiösen Wagnisses, um von Gott in unserer Welt, in unserem Leben, in unserem Sterben sprechen zu können. Erfahrungsgesättigtes Sprechen ist riskant, weil es wagt, dass die Sprechenden sich in dem, was ihnen innerlichst ist, als verletzlich zeigen. Und doch ist das die Sprache, die den Glauben in dieser Welt bezeugen kann, die vom je Eigenen spricht, die die schützenden Schichten von objektiviertem Sprechen, von Als-richtig-Behaupten, von Autoritätsansprüchen hinter sich lässt. Ein solches erfahrungsgesättigtes Sprechen mag dann, gerade weil es subjektiv ist, den je eigenen Glauben tradierbar machen. Ich glaube, dass es ein solches Sprechen des Sich-Überlassens ist, das Wagnis der tastenden Frage statt der gewussten Antwort, das Aushalten des Nichtwissens und das Festhalten an der Hoffnung über das Wissen hinaus, das letztlich religiöses Sprechen in katholischer Muttersprache noch ermöglicht, wenn nämlich alle anderen Gründe, diese Sprache noch weiterzugeben, hinfällig werden – Tradition, Gewohnheit, Macht, Besitz, Deutungshoheit. Diese Gründe werden alle vergehen, sie rutschen jetzt schon in einer Geschwindigkeit in die Bedeutungslosigkeit ab, die noch vor wenigen Jahren unvorstellbar schien. Es bleibt abzuwarten – oder zu erleben –, was ein neues religiöses Sprechen für die Struktur der Kirche bedeuten wird. Wenn es eine Verbundenheit mit dem göttlichen Grund in allem Lebendigen gibt, die uns mit dem Anteil am Lebensatem gegeben ist, dann sind Sakramente wertvolle, sinnliche, versichernde und gemeinschaftsstiftende, aber keineswegs singuläre Zugänge zum Göttlichen. Die Kirchenstruktur so zu verändern, dass Diskriminierungen nicht mehr in Gottes Namen begründet und verschleiert werden können, ist eine Frage der Gerechtigkeit. Aber der Prozess der Aneignung und Subjektwerdung reicht tiefer und weiter. Es wird ein neues Webbild entstehen.

Ich werde darum im Folgenden erst einen Rundgang durch einige neutestamentliche Lesungstexte machen und sie aus dem Blickwinkel der Patriarchatskritik und der nicht-männlichen Aneignung betrachten, um darin ermutigende Glaubensworte für heute freizulegen, gerade für die Kirche, die sich als Überlieferungsgemeinschaft in einer schwierigen Übergangszeit befindet – denn wir stehen in einer kirchenhistorischen Epochenwende, und es ist an uns, Wege aus den Sackgassen heraus zu finden, als die sich viele der im 19. Jahrhundert eingeschlagenen Wege aktuell erweisen. Ich mache das einerseits, um mit den je neu zu findenden Glaubensworten neu an die biblische

Tradition anzuknüpfen, um in ihr Kraftquellen gerade für Veränderungs- anstatt für Bewahrungsbemühungen freizulegen. Dieser Teil des Buches ist vergleichsweise umfangreich, weil diese Neuaneignung aktuell so wichtig und gleichzeitig wegen der dominanten Hörgewohnheiten ganz und gar kein Selbstläufer ist. Und andererseits schalte ich diesen Angang vor, weil es mir wichtig ist, dass die je eigenen Glaubensworte sich als Teil der Überlieferungsgeschichte verstehen lassen, die nach vorne hin immer offen ist. Diesem Rundgang durch die neutestamentliche Texte aus der katholischen Leseordnung schließen sich einige Streiflichter über das Kirchesein heute an, bevor es zu den Texten geht, in denen ich versuche, meinem Glauben eine Sprache zu geben – meinem Glauben an Gott, die immer je größer ist, und an den Menschen-von-Gott, Jesus Christus. Ich suche nach persönlichen, ehrlichen Worten in aller Vorläufigkeit, nach Worten, die dabei doch geeignet sind, dass andere sie sich leihen können. Ich glaube, dass ohne einen Zugang zu dem, was mit „Mystik" hilfsweise umschrieben wird, einen Zugang zu dem Bereich, in dem sich aus verstummenden Worten ein Herzensgebet formt, aller Glaube beim Vorletzten stehenbleibt. Ich suche Worte auf dieses Herzensgebet hin, in der Freiheit, zu der die freigelegten biblischen Ermutigungen führen: Vom Kreuzweg über Psalmgebete bis zur Sprache der Träume im Midrasch über den Stern von Betlehem. Vor dem Sprechen soll aber das Schweigen stehen, weil sowohl Leid als auch Glück uns in Bereiche des Lebens führen, in denen Worte verstummen. Danach aber ist auch wieder zu sprechen, denn ohne Sprache lassen sich die Erfahrungen, die uns übersteigen, nicht ins eigene Leben integrieren, sie bleiben dann nur Überwältigung, ohne eine Möglichkeit zum Wachsen, zum Sich-Zurechtfinden in dieser Welt und zum Immer-mehr-man-selbst-Werden zu eröffnen.

... und schweigen

Wie sollen wir beten? Erstaunlich, dass seine Schülerinnen und Schüler das fragten, gebetsgeübte Menschen, die sie waren. Wie sollen wir beten? Ich frage mich das auch, und es gibt so viele Anlässe für diese Frage. Ich habe mich das gefragt angesichts der unfassbaren Katastrophe des Erdbebens in der Türkei und in Syrien im Frühjahr 2023, hereingebrochen über hunderttausende Menschen – Verschüttete, Verletzte, Überlebende. Wie sollen wir beten? Kann man bei Kriegsgräueln noch auf die Freiheit des Menschen zum Bösen verweisen, so ist doch diese Welt auch ganz ohne Zutun des Menschen keine leidfreie Welt. So viel Schmerz ist in sie eingeschrieben, und die Erde ist kein sicherer Ort, sie kann beben, zittern, verschütten und verschlingen. Wie sollen wir beten? Wenn das Herz sich verkrampft beim nur ansatzweisen, durch Nichtwissen gedämpften Mitfühlen mit all diesen Menschen, die einfach nur das Pech hatten, in dieser gebeutelten Region zu leben, wo findet es dann Worte, sich betend am Rand des Abgrund entlangzuhangeln, Worte der Fragen und Worte der Klage, Worte des Nichtverstehens, Worte des Gebets trotz allem? Ich finde solche Worte kaum in der Liturgie meiner Kirche, jedenfalls was die Sonntagsgottesdienste angeht. Zu viel Gewissheit und zu wenig Erfahrung, zu viel Belehrung und zu wenig Fragen, zu viel Dogma und zu wenig Mitgefühl. Zu viel Worte und zu wenig Schweigen, zu viel Sicherheit letztlich und zu wenig Berührung mit all dem Schmerz der Welt, und mit all der Freude der Welt auch. Wie sollen wir beten, wenn dieses Gebet mit dem Gefühl der entsetzlichen Ohnmacht zu tun haben soll, wenn das Leid doch nicht wegzubeten ist? Wie sollen wir beten, wenn der Antwortruf bei den Fürbitten im Hals steckenbleibt? Wie sollen wir beten, wenn wir uns in einer Kirche zusammenfinden, die den Anspruch erhebt, Gebetsworte vorzugeben, und dabei doch oft genug unbeeindruckte, unverrückbare, vor dem Leid untaugliche Worte wählt? Wo hat die Klage ihren Raum? Vielleicht da, wo öfter das Schweigen des Karsamstags ausgehalten wird, vielleicht auch da, wo Menschen sich Gebeten anvertrauen, die nicht die Sicherheit einer Institution garantieren sollen, sondern die durchbetet und erfahrungsgesättigt sind wie die Psalmen, Gebete von jüdischen und christlichen Beter*innen bis heute, Gebete, die Kirchenmauern überwinden, in denen Platz für die Klage ist und Platz für den Zorn, Platz für den Trotz und Platz für das Anvertrauen. Wie sollen wir beten? Die Frage bezeugt nicht nur, dass da jemand war, der diese Frage ausgehalten hat, bei dem sie richtig platziert war. Sie bezeugt auch, dass Gott zumindest noch eine Frage ist. Diese Frage wachzuhalten, sie für die zu fragen, die nicht mehr fragen können, das wäre vielleicht Gebet genug in dieser Zeit.

Teil 2: Das Wort-von-Jesus in der Kirche

Die Kirche, wie sie sich in ihrem Kleid aus dem 19. Jahrhundert zeigt, das sie für unwechselbar hält, als wäre es nicht eine zeitbedingte Angelegenheit wie aller Stoff, diese Kirche hat sich in eine Sackgasse begeben, aus der es nicht nur keinen Ausweg außer der Umkehr gibt, sondern in der auch der Weg sehr weit weg geführt hat von dem, was einmal am Anfang gestanden hat. Nun ist mir klar, dass es eine Fiktion ist, an allem geschichtlichen Gewordensein vorbei wieder zurück zu einem vermeintlich idealen Ursprung zu kommen. Wie dieser Ursprung geglaubt wird, das ist ja wiederum auch sehr zeitabhängig, und zudem wird mir immer unbehaglich, wenn Menschen zu sicher zu wissen meinen, was genau am Anfang gewesen sei, wie sich Dinge von Gott gesehen aus darstellten und was sich daraus für Imperative ergäben. Ich beziehe in diesen Fragen auch Stellung – als eine Stimme unter vielen, und in der Hoffnung, dass sich letztendlich dieses Stimmengewirr zu einem runden Gesamtklang zusammenfinden können wird. Bei aller Vorläufigkeit und aller Gefahr, das Eigene in die Ursprungstexte hineinzulesen, die die Möglichkeit begrenzen, aus einem Ursprung verlässlich für heute schöpfen zu können, braucht es gleichzeitig aber immer wieder diesen Rückgriff auf den Anfang, wenn man mit sich selbst identisch bleiben will. Besser: Es braucht beides, den Rückgriff auf den Anfang und ein Hoffnungsbild auf das Ende hin, und beide unterliegen Entscheidungen. Denn ein neutraler, objektiver Blick ist weder zurück noch nach vorn möglich – es wird immer mit eine Rolle spielen, wer wir sind, wer wir sein wollen, was uns wichtig ist, was wir glauben von Gott, vom Menschen und vom Leben. Und dann kommt es zu interessanten Wechselwirkungen: Auch wer mit Vorannahmen an einen Text herangeht (also jede*r), kann überrascht werden, Widerständiges finden, sich in Frage stellen lassen. Ob man dem Text oder der Zukunftshoffnung Geltung zumisst, ist dann aber immer noch einmal eine weitere Frage und die kann niemand stellvertretend beantworten. Und: Beim Herangehen an einen Text kommt man in Kontakt mit dessen Autor*in, und auch dieser Mensch hat wiederum mit seiner Wahrnehmung geprägt, wovon er oder sie erzählt, und auch der kann man auf die Spur kommen und sich dazu verhalten. Der Text, auch wenn er im für Christ*innen maßgeblichen Buch der Bücher steht, hat nicht ohne Kontext, ohne Begründung und ohne eine Resonanz beim Lesen von sich aus Autorität über uns Heutige.

Was ich im Folgenden mache, wenn ich einen Rundgang durch Texte des Neuen Testaments anbiete, ist keine klassische Exegese, die sich die einzelnen Bücher systematisch vornimmt, sie einordnet, ihren Sitz im Leben klärt, nach Entstehungskontexten, Textbrüchen und -schichten fragt und so die Aussageabsicht des Textes herausarbeitet. Ich gehe natürlich nicht ohne dieses Handwerkszeug an die Texte heran, aber dieser Angang bleibt punktuell und wenig systematisch. Mir geht es um die Aneignung der Texte für heute und darum, freizulegen, wo sie herangezogen werden, um Ungerechtigkeit zu rechtfertigen, oder wo zumindest nicht so sorgsam mit den Übersetzungsmöglichkeiten umgegangen wurde, dass die Texte nicht sexistische Diskriminierung verstärken. Mir geht es um das Jesusbild und das Bild der frühen Gemeinden, das heute in der katholischen Kirche auch mithilfe der Lesungstexte aus dem Neuen Testament gezeichnet wird und das allzu oft doch von heutigen Vorannahmen insbesondere zur angeblich schon immer geltenden Geschlechterordnung geprägt ist. Natürlich ließe sich zu jedem einzelnen Text weit ausführlicher und differenzierter arbeiten. Ich nähere mich den Texten so, wie sie denjenigen begegnen, die mehr oder weniger zufällig in einen katholischen Gottesdienst geraten, oder die mit biblischer Weltdeutung in Kontakt kommen, oder die einige der Texte und Verse noch aus der Zeit ihres Heranwachsens im Ohr haben: eine Auswahl, nicht frei von Zufälligkeiten, die sich daraus erklärt, welche Texte über die Kirchenjahre hin Lesungstexte im Gottesdienst sind und zu denen es mir wichtig schien, eine Alternative zu herkömmlichen, oft subtil oder weniger subtil frauendiskriminierenden Lesarten anzubieten oder auf verborgene Strömungen hinzuweisen, die den jeweiligen Text als Befreiungsbotschaft erschließen helfen. Die entstandenen Texte sind relativ kurz und richten sich nicht an die wissenschaftliche Community, sondern zielen auf das breitere innerkirchliche Gespräch – und möglichst bleibt es dann nicht beim innerkirchlichen Gespräch, sondern ergeben sich Impulse auch zur Gestaltung der Welt, in der wir leben. Denn ohne diesen Horizont bliebe es eine Nabelschau, und die braucht niemand. Umgekehrt erst wird ein Schuh draus: Für die Glaubwürdigkeit der Weltgestaltung ist es an mittlerweile vielen Stellen nötig, auch die eigene Kirche neu zu gestalten.

Ich habe die Reihenfolge, in der die Texte in den Kirchenjahren angeordnet sind, hier nicht beibehalten, sondern in drei Bereiche gegliedert:

Ich fange an mit „Jesus, der Messias", wo es um Jesus selbst geht – die Traditionen, vor denen die Texte über ihn entstanden sind, seinen Umgang mit Frauen, seine Freund*innen.

Im Abschnitt „Das Wort-von-Jesus in den frühen Gemeinden" gehe ich dem nach, wie damals Gemeinden aussahen, was ihre Themen waren, was ihr Glaubensvorbild für uns sein kann. Dazu gehört auch, freizulegen, wie die Schwerkraft des Patriarchats auch in diesen Gemeinden seine Wirkung entfaltete. Ich frage danach, wie heute das diverse Bild der frühen Gemeinden oft vereinfacht und vergröbert wird, wie mit antiken Texten heutige sexistische Diskriminierung gerechtfertigt wird und welche Visionen von Freiheit diese Texte trotzdem und überraschenderweise für uns bereitstellen können. Und ich frage nach der Macht der sprachlichen Gewohnheit, die Frauen damals wie bis vor sehr kurzer Zeit standardmäßig unsichtbar machte, und nach der entsprechenden Verantwortung von Übersetzer*innen. Dabei gehe ich einmal quer durch die Briefe des Paulus an die Gemeinden im griechischen und kleinasiatischen Mittelmeerraum, und dabei ergibt sich auch immer einmal wieder eine Diskussion mit Paulus über Feminismus und Antidiskriminierung.

Im Teil „Heute Teil der Kirche sein" liegt der Fokus auf der möglichen Wirkung der Texte für das Kirchesein heute. Hier geht es um den Umgang mit sexueller Gewalt, mit Frauen, um den Verlust von Glaubwürdigkeit und die Suche nach dem, was trotzdem an Glaubensschatz noch zu bewahren ist, wo auch immer.

Die Übersetzungen der biblischen Texte sind, wo es nicht anders angegeben ist, der „Bibel in Gerechter Sprache“ entnommen.

Jesus, der Messias

Eine Stimme ruft in der Wüste (Lk 3,1–6)

Im 15. Jahr der Regierung des Kaisers Tiberius, als Pontius Pilatus Statthalter von Judäa war und Herodes Fürst von Galiläa, sein Bruder Philippus aber Fürst der Landschaft Ituräa und Trachonitis und Lysanias Fürst von Abilene, unter den Hohenpriestern Hannas und Kajaphas, da erging das Wort Gottes an Johannes, den Sohn des Zacharias und der Elisabet, in der Wildnis. Und er ging in alle umliegenden Gebiete des Jordans und machte dort ein Tauchbad bekannt, ein Tauchbad der Umkehr, um von den Sünden loszukommen. Wie im Buch der Sprüche des Propheten Jesaja geschrieben steht:

„Eine Stimme ruft in der Wildnis: Bereitet den Weg der Lebendigen, machet ihre Pfade gerade! Jede Schlucht wird aufgefüllt, jeder Berg und Hügel wird niedrig, krumme Wege werden begradigt und holprige Wege werden geebnet werden! Und alle werden das Rettende Gottes sehen!“

Die Jahre: Werden nach Männern und ihrer Herrschaftszeit gezählt.

Die religiös Handelnden: Sind Männer. Hannas, Kajaphas, und wenn nicht gerade wie hier die „Bibel in gerechter Sprache“ herangezogen wird, dann wird auch von Johannes ausschließlich der Vater benannt, Zacharias.

Und Johannes: Kündigt als Prophet den Messias an, als der sich Jesus von Nazaret erweist, Prophet, Menschensohn, Sohn Gottes-des-Vaters. (Ihn in den Worten und Gesten einer Frau zu erkennen, gilt in der katholischen Kirche immer noch als unmöglich.)

So haben es Generationen von Gläubigen gelernt, so gehört dieser Vers mit zu den bekanntesten der Bibel: „Eine Stimme ruft in der Wüste: ‚Bereitet den Weg des HERRN!‘“ Oder aber: „Eine Stimme ruft: ‚In der Wüste bereitet den Weg des HERRN!‘“ Das Hebräische, Sprache des prophetischen Textes, der hier aufgegriffen wird, gibt beides her. Denn die Bibel ist vieles, aber nicht einfach, und eindeutig oft eben auch nicht.

Ist in dieser Botschaft Platz für Frauen? Es wäre nicht redlich, hier mit einem bedingungslosen „Ja“ zu antworten. Man kann diese Texte so lesen – und es wurde und wird getan –, dass Frauen darin ihren Platz nur als „Gemeinte zweiter Klasse“ haben: ungehört, ungenannt, ungesehen – die mitgemeinten Auch-Menschen, die nie so gottgleich und so gottgehört sind wie die Männer, deren Stimmen durch die Texte klingen.

Zum Glück ist Gott-die-Lebendige größer. Denn wem da der Weg geebnet werden soll, wer sich in dieser schwierigen Umgebung erfahrbar machen will, wer sich darauf einlässt, entweder ein in der Stille verhallendes Wort zu sein (eine Stimme ruft in der Wüste) oder sich in unwegsamem Land finden lassen will (eine Stimme ruft: In der Wüste) – diese Gottheit ist größer. Engherzige Diskriminierung hat in ihr keinen Platz.

Wessen Ankunft da erwartet wird, das ist kein Herrgott, sondern der Abglanz einer Erfahrung. Gott kommt ins Wort, wo Menschen ihre Erfahrungen teilen: Erfahrungen dessen, was größer, tiefer und lebendiger ist als unser Leben zwischen Aufgang und Untergang. Eine Stimme haben wir gehört, eine Gestalt haben wir nicht gesehen (Dtn 4,12). Und wo wir eine Stimme gehört haben, da hat sie sich nicht mit Namen oder gar Titel benannt, sondern mit einer fundamentalen Lebendigkeit: Ich werde da sein. Wenn sie spricht, dann mit Zuwendung zu den Nicht-Privilegierten, parteilich und entschieden an der Seite derer, die unter die Räder der Geschichte und der ungerechten Herrscher geraten sind. Sie klingt durch in der Stimme des Jesus von Nazaret – nicht ausschließlich, aber bei ihm hörbar mit klarem, schönem Klang, mit Worten, die diejenigen zuerst meinen, die sonst nur die Auch-Gemeinten sind: Teilt euer Brot. Grenzt nicht aus. Lebt. Haltet nichts fest. Ich werde da sein.

Dieses Lebenswort „Ich werde da sein" bahnt sich seinen Weg durch die Wüste. In der Steinwüste Judäas findet man heute noch Muscheln, denn in Urzeiten war hier einmal ein Meer. Und im Text der Bibel, im unhörbaren Gottesnamen findet man heute noch eine Gegenwart, die alle Menschen, alles Leben gleichermaßen meint und sieht, umgibt und trägt.

Fremde Bilder (Mk 1,7–11)

[Johannes trat auf] und verkündete: „Nach mir kommt jemand machtvoller, als ich es bin. Verglichen mit dieser Person bin ich nicht gut genug, dass ich mich bücke und ihren Schuhriemen löse. Ich habe euch im Wasser getauft, sie aber wird euch in heiliger Geistkraft taufen."

In jenen Tagen kam Jesus aus Nazaret, das in Galiläa lag, und wurde von Johannes im Jordan getauft. Sobald er aus dem Wasser herauskam, sah Jesus, wie der Himmel sich öffnete und die Geistkraft wie eine Taube auf ihn herabkam. Und aus dem Himmel tönte eine Stimme: „Du bist mein geliebtes Kind, über dich freue ich mich."

Ich finde es ungeheuer faszinierend, dass wir so alte Texte wie diesen heute immer noch lesen. Dass wir ihn verstehen können, dass diese Worte nicht bedeutungslos, nicht unverständlich, nicht völlig überholt werden. Dass wir aus diesen alten Sprachen, in denen die Bibel geschrieben ist, noch übersetzen können und die gleichen Worte hören können wie Menschen so viele Jahrhunderte vor uns.

Über dieser Nähe mag es aber sein, dass uns die Fremdheit aus dem Blick gerät: So nüchtern wirkt der Text, man könnte ihn als Bericht missverstehen, zwar mit etwas fremden Bildern (warum ausgerechnet eine Taube, Plage in vielen Städten heutzutage?), aber ansonsten sieht man dem Text nicht an, wie fremd die Kultur, das Denkmögliche, das Glaubwürdige der damaligen Hörer*innen uns heute sind.

Es ist aber kein Bericht, es ist mythologische Sprache, und zwar extrem verdichtete. Himmel, Taube, Geistkraft, Kind/Sohn: Das ist ein ganzes Denk- und

Glaubensuniversum. Es gehört zu den Bewegungen der Zeitenwende: Apokalyptische Erwartungen und prophetische Weisheitslehren werden im Frühjudentum vor dem Hintergrund des internationalen Göttinnen-Kultes formuliert. Das Ganze spielt sich in einem größeren kulturellen Rahmen ab, in dem Emanzipationsbewegungen mit demokratischer Gleichheits-Logik quer zu dominanten patriarchalen Gesellschafts- und Religionsstrukturen standen.

Der internationale Göttinnen-Kult des Mittelmeerraums bildet die Folie, vor dem die frühjüdische Weisheitsfrömmigkeit die weibliche Gottesrede für eigene Anliegen nutzt. Diese Weisheitsfrömmigkeit muss den Verlust des Königtums in Israel auffangen. Sie kompensiert diesen Verlust damit, dass die Vermittlung zwischen Gott und Volk, die vorher eine königliche Funktion war, nun von der Weisheit geleistet wird. Es ist nun die Weisheit, die in Israel Wohnung nimmt, und zwar überall in Israel, wo die Tora befolgt wird. Hier zeigt sich die nach dem auf den König ausgerichteten Zentralstaat neue Orientierung hin zu Familie und Groß-Haushalten. Gott ist nun nicht mehr im Königreich Israel, sondern im erwählten Volk gegenwärtig, personifiziert durch die Gestalt der Weisheit. Die Weisheit wohnt in den Himmeln, sie ist Schöpfungsmittlerin und ewig wie Gott selbst. In biblischer Literatur gehört vor allem das Buch der Weisheit in ihre Tradition, aber auch das Buch der Sprichwörter, späte prophetische Schriften und Apokryphen, also Schriften, die nicht mehr in den hebräischen Kanon der Bibel integriert wurden. Hier sind auch Vorstellungen und Sprachspiele anschlussfähig, die zum weitverbreiteten Isis-Kult gehören und als mythologische Elemente in den frühjüdischen Monotheismus integriert werden. Darüber hinaus wird die göttliche Weisheit, die als weibliche Figur verstanden wird, mit der Geistkraft identifiziert (Weish 7,22f). Die so verstandene Weisheit ist nicht nur etwas für Eliten, sondern sie ist parteiisch für die Entrechteten, und wirkt in der messianischen Erwartung des kommenden Gerichts. Das ist der eine, durchaus mehrfaserige Strang dieses Weltverstehens-Musters.

Ein zweiter Strang: Die Taube. Sie ist, wohl wegen ihres auf Menschen zärtlich wirkenden Paarungsverhaltens, verdichtetes Symbol der Liebesgöttinnen verschiedener Religionen. Ischtar, Astarte, Aphrodite, Venus – sie werden unterschiedlich benannt, stehen in der jeweiligen Religion aber übergreifend für Liebe und Fruchtbarkeit. Das damals allgemeinverständliche, international verwendete Bild der Taube kommt auch in biblischen Texten vor, insbesondere in Psalmen und im Hohelied.

Ein dritter Strang: Frühjüdisches Denken, das die Philosophie der Gegenwart, also die griechische, mit dem Weisheitsdenken zu verbinden sucht. Hier taucht der Begriff des „Logos“ auf, des „Wortes-von-Gott“, Sohn der Weisheit. Während die Weisheit in den Himmeln wohnt, bereitet der Logos (griechisch für „Wort“) ihr auf der Erde den Weg. Er wird folglich auch Sohn Gottes genannt, so von Philo von Alexandria, dem prominentesten Autor dieser jüdisch-philosophischen Strömung. Diese Philosophie arbeitet nicht mit rationalen Begriffen und scharfer Logik, sondern mit mythologischen Bildern. Das ist kein Mangel, sondern einfach eine andere, uns nicht geläufige Art, Philosophie zu betreiben, und diese Bilder haben ihre eigene welterschließende Kraft.

Die frühen Jesus-Anhänger*innen gehören in diese Weltdeutungs-Tradition. Sowohl die, die alte Jesus-Aussprüche sammeln, als auch die, die hymnische Lobgesänge formulieren, beziehen sich auf diese Offenbarung: Jesus wird als Bote der Weisheit verstanden, später als Verkörperung der Weisheit selbst, in einem Zwischenstadium als menschgewordener Logos, Sohn der Weisheit. In durchaus unterschiedlichen kulturell-religiösen Kontexten wird hier die Sprache der jüdischen Weisheits-Tradition neu verwendet, auf Jesus bezogen, wird die Auferstehung als endgültige Präsenz Gottes in der Welt gedeutet.

Weisheit, gar „Frau Weisheit", das Wort-von-Gott, Sohn Gottes, Gegenwart Gottes in Israel, die prophetische Tradition: Sie bilden das Hintergrund-Webbild aus uns heute fremden Fäden, vor dem die Geschichte Jesu von Nazaret erzählt wird. Diese Bilder sind so fremd, dass die Erwartung verfehlt wäre, wir könnten ohne lose Enden heute wieder an sie anknüpfen. Aber es reicht schon, im Blick zu behalten: Hier geht es nicht um eine Geschichte zwischen Männern. Hier geht es nicht um einen männlichen Gott, der einen männlichen Geist auf seinen männlichen Sohn herabkommen lässt, der einem autonomen griechischen Helden entspricht und dann für die Sünden der Welt geopfert wird. Hier geht es um etwas sehr viel Größeres:

Hier erzählen Menschen der frühen Jesusbewegung, wie alles begann. Sie glauben an die Gerechtigkeit Gottes in der Welt, daran, dass Gott ihren*seinen Platz bei den Unterdrückten gewählt hat, dass Gott für Befreiung und Leben steht, dass Gott die ungerechte Herrschaft beenden wird, dass die große Zukunft Gottes schon begonnen hat. Sie erzählen von Jesus, dem Menschen-von-Gott, in dem Gott sich auf der Erde gegenwärtig gemacht hat, und zwar bei den Unterdrückten und Entrechteten. Und sie kleiden das in allgemeinverständliche, geradezu internationale Bilder: der offene Himmel, wo die Weisheit herkommt, die Taube, die Geistkraft, und schließlich die bestätigende Stimme. Das ist, in nüchternen Worten, ein überwältigendes Panorama, eine ganze Welt, deren Vokabular uns fremd geworden ist, deren Sehnsucht aber heute noch verständlich ist: nach Überwindung der ungerechten Herrschaft, nach Gerechtigkeit, nach Solidarität, nach Gemeinschaft. Nach Erfahrungen der Fülle, damit gilt: „An dir habe ich Wohlgefallen, über dich freue ich mich."

Menschen wie alle (Lk 10,38–42)

Als sie sich aufmachten, ging er in ein Dorf. Eine Frau namens Marta nahm ihn auf. Und bei ihr war ihre Schwester, die hieß Maria. Diese setzte sich zu den Füßen des Befreiers und hörte sein Wort. Marta aber war vom vielen Dienst beunruhigt. Sie trat herzu und sagte: „Herr, kümmert es dich nicht, dass meine Schwester mich allein zurücklässt, um zu dienen? Sprich mit ihr, damit sie mit mir zusammen Hand anlegt!" Jesus antwortete und sprach zu ihr: „Marta, Marta, du sorgst dich und lärmst über die Vielheit. Eines aber ist nötig. Maria hat das gute Teil gewählt, das wird man nicht von ihr wegnehmen."

Vielleicht sollte man an dieses Evangelium nicht mit der Voranname herangehen, in dieser Geschichte würden Frauen zweifellos gerecht behandelt. Auch Evangelien werden nicht ohne Interessen verfasst, und es wäre nicht die einzige Stelle in seinem Evangelium, wo Lukas die Bedeutung und Rolle von Frauen begrenzt, abschwächt und herabstuft. In Bezug auf Marta – aramäisch für „Herrin" – und Maria fällt das besonders im Vergleich zum Johannesevangelium auf, wo Marta das umfassendste Messiasbekenntnis Jesus gegenüber ablegt.

Außerdem sollte man sich nicht beirren lassen durch die lange Tradition, die in Marta eine zänkische Hausfrau gesehen hat. Sicher besteht diese Textpassage nicht den Bechdel-Test, ein so simpler wie entlarvender Test zur Beurteilung von Geschlechtergerechtigkeit im Film, der mit drei Fragen auskommt: Kommen mindestens zwei Frauen vor, die einen Namen haben? Reden diese Frauen miteinander? Wenn ja, reden sie über etwas anderes als über einen Mann? Trotzdem scheinen im Text einige Selbstverständlichkeiten durch, die auch eine ungünstige Darstellung durch Lukas nicht verschweigt:

Marta ist die Hausherrin und sie achtet die soziale Verpflichtung zur Gastfreundschaft. Sehr selbstverständlich füllt sie eine Rolle aus, die sonst Männern zugewiesen wird. Hier findet sich dann auch ein früher Beleg für die Benennung von Leitungsmacht mit „dienen": Marta dient, benannt mit dem griechischen Verb „diakonein" – sie ist eine Diakonin. Aber wenn Frauen dienen, verstanden Exegeten darunter lange Zeit nur „kochen und spülen"; die religiöse Komponente, die bei Männern ohne Zögern im Verb „diakonein" mitgehört wird, wurde den Frauen in der Auslegungsgeschichte zumeist nicht zugestanden. Damit wurde auch der leitungskritische Ton dieser Geschichte wenig gehört. Wer käme bei einer Frau auch darauf, dass Jesus ausgerechnet deren Leitungsrolle relativieren würde? Der Punkt ist nur, dass Jesus diese Rolle nicht relativiert, weil Marta eine Frau ist – im Gegenteil –, sondern weil diese Leitung im angebrochenen Gottesreich an Bedeutung verlieren sollte. Die Kritik gilt dann aber Frauen wie Männern gleichermaßen, und sie ist darum kein tragfähiges Argument für die in der kirchlichen Hierarchie beliebte Argumentation, man müsse Frauen von der Weihe fernhalten, um ihnen nicht Macht in die Hände zu geben, die ihren Charakter verderben könnte.

Maria wiederum sitzt Jesus zu Füßen – ein übliches Setting für ein Lehrer-Schüler*innen-Verhältnis. Ihre Beteiligung am Lehrgespräch wird nicht erwähnt, ist aber auch nicht ausgeschlossen, denn so funktioniert dieses Setting: Der Tora-Lehrer lehrt im Gespräch, nicht im Monolog. Und ja, es ist das Wort der Tora, das Jesus lehrt. Es gibt keinen Anhaltspunkt dafür, anderes anzunehmen. So werden die Konventionen der Zeit von allen Beteiligten ebenso geachtet wie überschritten.

An Marta und ihrem Haus(stand) wird noch, quasi im Vorübergehen, deutlich, dass es verschiedene Formen gab, sich Jesus anzuschließen – da sind die Jünger*innen, die mit Jesus unterwegs sind, aber auch Menschen, die ihm nur punktuell begegnen, und die, die ihn kennen und ihn und die Seinen beherbergen, wenn er in der Gegend ist. Die Gruppe derjenigen, die mit Jesus wandern, ist bei der erzählten Szene sicherlich auch anwesend, herausgehoben werden aber nur Marta und Maria. Dabei erkennt Jesus deren Berechtigung zu eigenständigen Entscheidungen an: Weder zieht er in Zweifel, dass es in Martas Kompetenz und Verpflichtung liegt, als Hausherrin zu agieren, noch weist er Maria als seine Schülerin ab.

Ein Wermutstropfen in dieser Geschichte ist, dass das Verhältnis zwischen den beiden Schwestern hier so aus den Fugen geraten ist. Und dennoch ist es nicht an den heutigen Leser*innen des Textes, hier zu werten und Marta gegen Maria auszuspielen. Unstimmigkeiten kommen vor, auch bei den Jünger*innen Jesu. Immerhin müssen beide präsent genug in der Jünger*innen-Gruppe gewesen sein, dass von ihnen mit Namen erzählt wird.

Und schließlich hat Maria Zugang zu etwas, das ihr niemand mehr nehmen kann, auch die Männer im Schüler*innen-Kreis um Jesus nicht: Das ist das Lehrgespräch mit Jesus, in dem er ihr und den anderen die Gegenwart Gottes und Gottes Gerechtigkeit erschließt.

Jesus sieht in Marta und Maria einfach Menschen wie alle. Das klingt in demokratie- und gleichberechtigungsgewöhnten Ohren wenig aufregend. In einem kirchlichen Kontext, in dem es keinen Schutz vor Sexismus gibt, ist es leider bemerkenswert.

Der Messias, der Gekreuzigte I (1 Kor 2,1–5)

Achtung, dieses Kapitel thematisiert sexuelle Gewalt.

Als ich zu euch kam, Geschwister, trat ich auch nicht als glänzender Redner oder Weisheitslehrer auf, um euch das Geheimnis Gottes zu verkünden. Denn ich kam zu der Überzeugung, dass bei euch nichts so wichtig sei wie der Messias Jesus, und der als Gekreuzigter. Ich kam zu euch in Schwäche und Furcht und mit großem Bangen; meine Rede und meine Botschaft bestanden nicht aus gewinnenden Weisheitsworten, sondern kamen aus der Erfahrung von Geist und gottgegebener Kraft. So beruht euer Glaube nicht auf Menschenweisheit, sondern auf der Kraft Gottes.

Jesus, der Gesalbte Gottes: Denn das ist ein Messias, ein Gesalbter, und dann ist auch wichtig, wessen Gesalbter, nämlich Gottes. Gesalbt, geehrt, geachtet – die Frauen, die ihn als Auferstandenen erkannten, sie hatten ihn salben wollen, seinen zerschundenen Körper, entehrt und geschändet. Sie hatten ihn salben wollen und ihm so seine Ehre wiedergeben wollen, und dabei erkannt, dass er von Gott her schon längst der Gesalbte war. Von Gott her war er der, auf dem die heilige Geistkraft lag, damit er den Armen Recht schaffen und den Frieden bringen konnte – einen Frieden hinter diesem grauenhaften Tod, einen Frieden hinter der militärischen – und männlichen – Gewalt, einen Glanz Gottes in dieser Welt, auf den die Gewalttätigen keinen Zugriff haben. Von Gott her war er der Gesalbte, obwohl er doch nach Menschenlogik alles verloren hatte, Ansehen, Ehre, Männlichkeit.

Denn das war der Kreuzestod: Nicht nur grausame Folter, sondern auch der Verlust von Ehre und Ansehen, und für Männer damit auch der Verlust ihrer sozialen Männlichkeit. (Unterstrichen wurde das dadurch, dass die Kreuzigung in der Regel auch sexuelle Folter bedeutete. Es gibt nichts, was Menschen sich nicht ausdenken können.) In der Antike nämlich gab es nicht die Vorstellung von den Geschlechtern als zwei Polen, so wie es heute oft als normal und immer-schon-gewesen angesehen wird. Damals wurde Geschlecht vielmehr als ein Kontinuum gesehen, eine Skala, auf der man auf- oder absteigen konnte: von der versklavten Frau über den versklavten Mann zur freien Frau bis ganz nach oben zum freien Mann. Gekreuzigt zu werden, hieß auch, auf dieser Skala abzusteigen, bis nach ganz unten. Es erscheint darum nachgerade absurd, die Leitung der Feier seines Gedächtnismahles an das männliche Geschlecht zu koppeln, gerade zu seinem Gedächtnis, der er sich diesem Tod nicht entzogen hatte.

In Jesu Nachfolge sind die Menschen Geschwister – in der Nachfolge dessen, der sich den patriarchalen Strukturen seiner Zeit und Gesellschaft entzogen hatte. In der Gruppe, die mit ihm unterwegs war, fehlten genau die Menschen, die patriarchale Macht hatten, nämlich die Väter. Die Männer unter denen, die mit ihm unterwegs waren, waren keine Hausväter im Sinne von Haushaltsvorständen; die jungen Männer waren ihm gefolgt, ihre Väter Fischer und Arbeiter geblieben. Diese jungen Männer hatten in seiner Gruppe keine speziellen Aufgaben als Männer gehabt: keine Besitzansprüche zu verteidigen, keine Nachkommenschaft und keine Vermögensweitergabe zu sichern. Die Abwesenheit der Väter befreit von patrozentrischen Denkweisen. Bei den Frauen in seiner Nachfolge ist das weniger klar, von ihnen ist die Generationenzugehörigkeit nicht bekannt. Übrigens ist die Benennung als „Frauen in seiner Nachfolge“ wichtig. In den zum übersetzten griechischen Text auf Deutsch hinzugefügten Zwischenüberschriften heißt es nämlich bei den Männern „Die Männer in seiner Nachfolge“, bei den Frauen aber „Frauen im Gefolge Jesu“ – ein kleiner Unterschied mit großer Wirkung, weil er das Framing so setzt, dass Leser*innen des Textes die Frauen in der Nachfolge Jesu nicht als gleichwertig zu den Männern einordnen. Das ist eine interessengeleitete Übersetzung wie es jede Übersetzung ist, wobei sie aber ihre Interessen weder reflektiert noch offenlegt. Frauen in der Nachfolge Jesu also – über sie ist überhaupt wenig bekannt, ihre Berufungsgeschichten sind nicht Teil der Überlieferung geworden (warum wohl nicht?) und ihre Anwesenheit geht an den meisten Stellen in den männlichen Sprachformen unter. Einiges spricht dafür, dass es auch Frauen aus der älteren Generation unter ihnen gab, die Erwähnung der Mutter von Johannes und Jakobus zum Beispiel oder der Umstand, dass einige von ihnen Eigentum besaßen, mit dem sie die Gruppe finanzierten. Ein Grund mehr, ältere Frauen in der Kirche nicht mit der herablassenden Mischung aus Sexismus und Altersdiskriminierung zu betrachten, die immer wieder mitschwingt, wenn von den älteren Frauen die Rede ist, die ja bestimmt gerne für den Kaffee sorgen.

Seine direkten Beziehungen zu den Menschen in seiner Schüler*innengruppe hatten es ihnen ermöglicht, untereinander auf Augenhöhe zu sein. Er hatte mit ihnen keine neue Institution geschaffen, keine Rollen verteilt, keine Räume oder dauerhaften Funktionen eingerichtet. Er hatte nur Situationen herbeigeführt, in denen Beziehungen und Abhängigkeiten unterbrochen und aufgehoben wurden, die die Ankunft des Gottesreiches unmöglich gemacht hätten: Angst, Unterordnung, die Sorge um den Besitz und die Verfügungsgewalt von Männern über Frauen und Kinder. Er hatte nicht daran festgehalten, sich mit Macht zu offenbaren. Er war freigiebig geblieben, und frei. Er hat keine sicheren Vorkehrungen dafür getroffen, dass es mit seinen Schüler*innen in dieser Freiheit von patriarchaler Macht weitergehen würde. Er hat nur das Wagnis seines Gedächtnisses hinterlassen: die Erinnerung an das Teilen von Brot und Wein, die Erinnerung daran, dass er als freier Mann anderen die Füße gewaschen hatte, die Erinnerung an eine Freiheit, in der niemand mehr Macht über ihn hatte. Er war schon der Gesalbte, bevor die Frauen an sein Grab kamen.

Jesus, der Gesalbte Gottes, der Gekreuzigte. Nicht Jesus, der Patriarch.

Das Wort-von-Jesus in den frühen Gemeinden

Wer ist eigentlich ein Apostel?

An den Sonntagen der Osterzeit gibt es keine alttestamentliche Lesung, sondern die erste Lesung wird in einer durchgehenden Reihe aus der Apostelgeschichte entnommen. Die Ausschnitte sind natürlich kurz –

und die Teile der Apostelgeschichte, in denen die ohnehin unterrepräsentierten Frauen vorkommen, gehören nicht zu den sonntäglichen Lesungstexten. Maria, die Mutter Jesu, Saphira, Tabita, Maria, die Mutter des Johannes, Lydia aus Thyatira, in deren Haus in Philippi die dortige christliche Gemeinde entsteht, Damaris aus Athen, Priszilla, Drusilla, Berenike – sie kommen also im Sonntagsgottesdienst nicht vor.

Wenn wir diese ausgewählten Sonntagslesungen hören, entsteht das Bild einer Kirche, die als tragende Säulen die „zwölf Jünger" hat, die dann zu den zwölf Aposteln wurden und auf deren Glauben die Kirche steht. Dieses Bild wurde unzählige Male gezeichnet von gotischen Kathedralenfenstern bis zur Bebilderung nahezu jeder Kinderbibel: Jesus zog mit 12 Männern durch Galiläa, feierte mit ihnen das letzte Abendmahl und sandte sie nach seiner Auferstehung schließlich als Gründer seiner Kirche aus, wobei die Apostel als erste Bischöfe fungierten. In diesem Gesamtkonzept haben trotz aller Prominenz am Ostermorgen die Frauen keinen Platz, und so herrscht auch noch einigermaßen Ratlosigkeit, wie die „Apostelin Maria Magdalena" mit ihrem Festtag am 22. Juli nun auf einmal noch ins Bild passen soll.

Es ist also hohe Zeit, noch einmal zu fragen, was oder wer denn eigentlich ein Apostel ist. Das Neue Testament kennt darauf nur von der Wortbedeutung her eine eindeutige Antwort: Das griechische Verb „apostelein" heißt „senden", und so verwendet das Neue Testament auch das zugehörige Nomen: Gesandte*r. Das Adjektiv „apostolisch" kennt das Neue Testament noch nicht.

Paulus spricht von den „Gesandten“ als denjenigen, die aus einer Begegnung mit dem Auferstandenen heraus zu Zeug*innen und Missionar*innen wurden, und reiht sich selbst als letzten hierbei ein. Die Berufung der unmittelbar vom Auferstandenen Gesandten lässt sich in diesem Verständnis auch nicht an spätere Generationen weitergeben, sondern diese einzigartige Funktion stirbt mit der ersten Generation der Christusgläubigen. Wenn Paulus von „Aposteln“ schreibt, dann geht es häufig recht praktisch um das „Apostelrecht“ der unstet lebenden Wandermissionar*innen auf Beherbergung.

In der Apostelgeschichte werden die Apostel hingegen mit den „Zwölf“ identifiziert, wobei es nichts ausmacht, dass nicht alle auch zu den „zwölf Jüngern“ gehörten, sondern nach dem Ausscheiden des Judas Iskariot Matthias nachgewählt wurde, ohne dadurch nur ein „Ersatzapostel“ zu sein. Lukas, dem Autor der Apostelgeschichte, geht es nicht um das Apostelrecht, sondern um eine theologische Geschichtskonzeption: Die Gruppe der „zwölf Apostel“ garantiert die Zuverlässigkeit des Glaubens über kritische Wendepunkte hinweg, von der Auferstehung bis zur Himmelfahrt, von der Erfahrung der Geisttaufe bis zur Ausbreitung des Christusglaubens in die nichtjüdische Welt. Dabei spielt auch die kulturelle Erwartungshaltung des Lesepublikums eine Rolle, das als glaubwürdige Zeugen etwa vor Gericht nur Männer kennt.

Was die „Apostel“ bei Lukas nicht sind: eine Hierarchiestufe in einer kirchenamtlichen Organisation. Die Apostel lösen Konflikte mit gleichberechtigten anderen Kräften in der entstehenden Glaubensgemeinschaft im spirituell genährten Gespräch, etwa mit den „Sieben“ oder mit den „Ältesten“. Sie sind nur ein Teil einer geschwisterlichen Gemeinde, von der Lukas für seine Zeit außergewöhnlich nachdrücklich betont, dass sie aus Frauen und Männern besteht. Zudem ordnet Lukas seine Erzählungen über einzelne Frauen und Männer in der Begegnung mit Jesus und in der nachösterlichen Gemeinde in polarer Weise an, sodass sie sich jeweils entsprechen und deutlich wird: Jesus zu begegnen ist Menschensache, nicht Männersache.

Später wurde diese theologische Geschichtsschreibung überlagert vom Kirchenbild der späten Briefe im Neuen Testament, als Leitung innerhalb der christlichen Gemeinden immer mehr nach dem Vorbild der gesellschaftlichen Leitungskonzepte gestaltet wurde, wodurch Frauen genau wie arme oder unfreie Männer von Leitungspositionen ausgeschlossen wurden. Rückwirkend wurde auch die Apostelgeschichte unter diesen Vorzeichen gelesen, die Erzählkreise um die Frauen der Apostelgeschichte gerieten in das Vergessen der sonntäglichen Leseordnung. Es ist Zeit für eine Wiederentdeckung.

Der Erstgeborene von vielen Geschwistern (Röm 8,28–30)

Alles wirkt zum Guten zusammen für die, die Gott lieben, weil Gott entschieden hat, sie zu rufen. Das wissen wir. Denn alle, die Gott von Anfang an kannte, hat Gott auch von Anfang an dazu bestimmt, das gleiche Wesen und den gleichen Weg zu haben wie der Sohn, damit dieser der Erstgeborene unter vielen Geschwistern sei. Die von Anfang an dazu bestimmt waren, die wurden auch gerufen. Die gerufen wurden, die wurden auch gerecht gesprochen. Die gerecht gesprochen wurden, wurden auch mit göttlicher Klarheit erfüllt.

Der Einheitsübersetzung überträgt hier: „Der Erstgeborene von vielen Brüdern." Die „Bibel in gerechter Sprache" entscheidet anders. Denn: Wer ist nah dran an Jesus? Wer muss erst für sich übersetzen „da steht Bruder, aber da könnte ich auch mit gemeint sein"? Sind einige gleicher, gar gottgleicher als andere? Das sind keine erledigten Fragen. Solange ein Teil der Menschen beim Lesen der Bibel den Eindruck hat, nicht gemeint zu sein, nicht vorzukommen und keine Stimme zu haben, ist das nicht erledigt. Es ist umso dringender nicht erledigt, weil es nicht um ein Steuerformular geht, sondern um das, was wir von Gott glauben. Von Gott so eng zu denken und zu glauben, verdunkelt Gottes Dasein in unserer Welt.

Sohn Gottes, heißt es also, der Erstgeborene unter vielen Brüdern. Warum ist es nun schlüssig, hier „Geschwister" zu lesen? Das griechische Wort hyios, „Sohn", ist üblich für ein männliches Kind, aber es kann auch Träger*innen bestimmter Rechte oder Eigenschaften meinen. Das geht daraus hervor, dass es durchaus manchmal um das Wort „männlich" ergänzt wird. Im Plural schließt es dann auch weibliche Menschen ein. Eine Betonung des Geschlechts in der Übertragung kann das Gemeinte verzerren – wenn damit dann eine (kleinere) Gruppe von Männern angesprochen wird und nicht mehr „alle" gemeint sind, die eigentlich gemeint sein sollten.

Wenn im griechischen Neuen Testament von Jesus als dem Sohn Gottes gesprochen wird, dann geht es um eine enge gegenseitige Bindung, so wie es im Ersten Testament von Königen Israels ausgesagt wird. Wenn man dabei nichts Verniedlichendes mithört, kann man Jesus auch ohne Bedeutungsverlust als „Kind Gottes" statt als „Sohn Gottes" bezeichnen, und der heutige Abschnitt aus dem Römerbrief lässt sich in dieser Weise umso besser verstehen: Es geht nicht um das biologische Geschlecht, weder von Jesus, noch von denen, die sich an ihm orientieren. Sondern es geht um die Gottesbeziehung und die Annahme durch Gott.

Damit ist er der Erstgeborene von vielen Geschwistern, unübersehbar vielen, die mit Gott verbunden sind, denen die Sätze aus dem Buch Deuteronomium gelten, die der Jude Paulus beim Schreiben im Ohr hatte: „Liebevolle Gnade zeige ich den tausenden, die mich lieben und meine Gebote halten." (Dtn 5,10) So großartig schön ist diese Zusage, dass es ein Jammer ist um jede, die diesen Text hört und sich nicht gemeint fühlen kann. Und an keiner Stelle ist hier von einer Gemeinschaft der Ungleichen die Rede, wie sie das Kirchenrecht entwirft und die jüngsten vatikanischen Instruktionen nochmals einschärfen wollen.

Streitbegabt (1 Kor 1,3–9)

Unter euch wohne Gnade und Friede von Gott, unserem Ursprung, und von unserem Befreier Jesus Christus. Euretwegen spreche ich immer wieder Dankgebete zu meinem Gott, weil euch im Messias Jesus die Gnade Gottes geschenkt worden ist. Denn in Christus seid ihr an allem reich geworden, begabt zu jeder Sprache und zu jeder Erkenntnis. Ihr bezeugt den Messias und darin beweist ihr zunehmend Stärke. Daher fehlt bei euch keine gottgegebene Fähigkeit, während ihr darauf wartet, dass unser Befreier Jesus, der Messias, offenbar wird. Bis zur Vollendung wird er euch festigen, so dass ihr am Tag unseres Befreiers Jesus Christus nicht angeklagt werdet. Gott ist treu. Durch Gott seid ihr in die Gemeinschaft seines Sohnes Jesus, des Messias, unseres Befreiers, gerufen.

So beginnt ein Brief: An eine Gruppe von Menschen aus dem antiken Korinth, Hafenstadt, Schmelztiegel, Umschlagplatz für Waren aller Art, eine Stadt mit einer großen jüdischen Minderheit, eine Stadt vor allem mit einer sehr großen sehr armen Bevölkerung und einem ausgesprochen niedrigen Lohnniveau.

So beginnt ein Brief an eine neue Gemeinde noch ohne feste Struktur, wo vieles verheißungsvoll offen war. So beginnt ein Brief an Menschen, die in Jesus von Nazaret den Menschen-von-Gott erkannt hatten, die in einer gesegneten Gegenwart eine solidarische, unterschiedslose Gemeinschaft fanden. So beginnt ein Brief an eine neue Gemeinde, in der die Frauen die Mehrheit stellten, das legt insbesondere das siebte Kapitel nahe, in dem die Lebensformen der Frauen verhandelt werden.

Derjenige, der schreibt, und diejenigen, die lesen, sie haben eine gemeinsame Basis, einen Grund, auf den sich bauen lässt, und Grund zur Dankbarkeit dafür. Auf dieser Basis ließ sich gut streiten, über alle möglichen Einzelheiten.

So beginnt ein Brief der Ermutigung. Ihr habt

schon alles, was ihr braucht, damit ihr bei euch die todbringenden Praktiken von Armut, Rassismus und Sexismus überwinden könnt. Ihr habt ein Gespür für das, was ansteht und was nötig ist. Ihr seid begabt zu jeder Erkenntnis. Geistbegabt seid ihr. Was für eine Verschwendung wäre es, wenn ihr mit dieser Begabung nur auf andere Autoritäten hören würdet, euch gegenseitig nicht anerkennen würdet, euch die Botschaft von der unterschiedslosen Gemeinschaft im befreiten Leben wegnehmen lassen würdet.

Was das dann konkret heißt: Darüber lässt sich streiten, gut streiten. Und wenn in diesem Streit jemand versucht, ein Machtwort zu sprechen, dann wird es ein Selbstwiderspruch, denn das Machtwort ist nie von Dauer, wenn die Wucht der Geistbegabung dagegen steht (auch das hat der Briefeschreiber erfahren müssen – in der unterschiedslosen neuen Gemeinschaft ist mit einem Machtwort nicht viel auszurichten). Machtworte erreichen euch nicht mehr, denn ihr habt schon alles, was ihr braucht: Begabung, Verstand, eine Hoffnung für das Leben und über das Leben hinaus.

Ihr seid geistbegabt, ihr habt schon alles, was ihr braucht, um Gottes Befreiung Geltung zu verschaffen, und ihr steht am Anfang einer neuen Zeit: Das Wort gilt einer Gemeinde, in der Frauen die Mehrheit stellen. Einer Gemeinde, in der allen zugemutet wird, sich immer wieder in Frage stellen zu lassen. Einer lernenden Gemeinde. Einer autoritätskritischen Gemeinde. Uns.

Begabt und begnadet (1 Kor 12,4–11)

Es gibt Unterschiede in den geschenkten Fähigkeiten, doch sie stammen aus derselben göttlichen Geistkraft. Es gibt Unterschiede in den Arbeitsfeldern, doch der Auftrag dazu kommt von ein und derselben Ewigen. Es gibt Unterschiede in den Fähigkeiten, doch es ist derselbe Gott, der in allen alles in gleicher Weise bewirkt; den Einzelnen offenbart sich die Geistkraft zum Nutzen aller. Der einen wird durch die Geistkraft die Fähigkeit zum Denken und Reden in Weisheit gegeben, einem anderen durch denselben Geist die Fähigkeit, Offenbarungen weiterzugeben. Der nächsten wird Vertrauen gegeben – von derselben Geistkraft –, einem anderen wiederum die Fähigkeit zu heilen – durch die eine Geistkraft –, eine andere erhält die Fähigkeit, Wunder zu tun, der nächste die Gabe zu prophezeien, oder eine andere die Fähigkeit, zu deuten, ob alles tatsächlich durch die Geistkraft bewirkt wird. Andere bekommen die Fähigkeit, eine besondere Sprache Gott gegenüber zu sprechen, und wieder andere können sie deuten. Alles dieses wirkt eine und dieselbe Geistkraft, die sich den Einzelnen mitteilt, so wie sie es will.

Diese Lesung klingt nach einer bunten Gemeinde. Paulus schreibt an diese Gemeinde, die sich zusammensetzt aus wenigen Reichen und vielen Armen und die das Ideal hat, wirklich geschwisterliche Gemeinde zu sein. Priester und andere Ämter gibt es noch nicht, und als konkreten Anlass für diese Passage im Brief war wohl Klärungsbedarf aufgekommen, welche Ausdrücke der Geisterfülltheit am meisten Raum verdienten. Ein Phänomen, das wir heute nur im Raum der charismatischen Bewegungen kennen, nämlich die Zungenrede – die „Bibel in gerechter Sprache“ übersetzt hier mit „eine besondere Sprache Gott gegenüber“ – scheint dabei eine große Rolle gespielt zu haben: Was ist mit Gemeindemitgliedern, die nicht in dieser Art enthusiastisch entrückt werden? Wenn die Versammlungen chaotisch werden, ist es dann noch ein Gottesdienst, der alle verbindet? Was ist mit Fähigkeiten, die unscheinbarer daherkommen?

Paulus antwortet auf diese Fragen, die ihm aus der Gemeinde gestellt werden. Und er ordnet dabei ein: Alle Fähigkeiten, die die jesusgläubigen Menschen mitbringen, sind gleichwertig, alles kann zum Guten dienen, es gibt dabei keine Höher- oder Minderwertigkeit. Heilen ist genauso wichtig wie Zungenreden, die Schrift erklären zu können genauso wichtig wie die Fähigkeit, anderen den Rücken zu stärken. So weit, so gut.

Um zu betonen, dass es wirklich keine Unterschiede darin gibt, verwendet Paulus dabei nur ein paar Pronomen: „Der eine“, „ein anderer“, „wieder ein anderer“. So wie „alle“ gemeint sind, wenn da „jeder“ steht, so sind auch „alle möglichen einzelnen“ gemeint, wenn da „ein anderer“ steht. Die männliche Form „ein anderer“ ist eine Sammelform, mit der sowohl weibliche als auch männliche einzelne Menschen gemeint sein können, so jedenfalls die Theorie und der allgemeine Sprachgebrauch. Und genauso wie im Deutschen heute funktioniert das auch in diesem altgriechischen Text nicht, wenn die Realitäten sich so ändern, dass Gleichheit und Gleichberechtigung nicht mehr selbstverständlich sind.

Die Sprache hat ihre eigene Schwerkraft. Wer die wortgetreue Übersetzung dieser Lesung hört, wie sie die Einheitsübersetzung wählt und wie sie wohl in den meisten Gottesdiensten vorgetragen wird, hört denn auch eine lange Aufzählung männlicher Formen:

Dem einen wird vom Geist die Gabe geschenkt, Weisheit mitzuteilen,
dem anderen durch denselben Geist die Gabe, Erkenntnis zu vermitteln,
einem anderen in demselben Geist Glaubenskraft,
einem anderen – immer in dem einen Geist – die Gabe, Krankheiten zu heilen,
einem anderen Kräfte, Machttaten zu wirken,
einem anderen prophetisches Reden,
einem anderen die Fähigkeit, die Geister zu unterscheiden,
wieder einem anderen verschiedene Arten von Zungenrede,
einem anderen schließlich die Gabe, sie zu übersetzen.
Das alles bewirkt ein und derselbe Geist; einem jeden teilt er seine besondere Gabe zu,
wie er will.

Nach der Theorie des generischen Maskulinum wäre das kein Problem: Wo nicht dezidiert Männer gemeint sind, gilt eine männliche Form sowohl für Männer als auch für Frauen, also „die Radfahrer" meint sowohl Männer als auch Frauen, die Rad fahren, das ist heute im Deutschen so und war früher schon im Griechischen so, außer dass es da noch keine Fahrräder gab. Und in einer idealen geschlechtergerechten Welt wäre das vielleicht auch richtig, auch wenn man fragen kann, ob wohl in einer idealen geschlechtergerechten Welt eine männliche Sprachform bevorzugt werden würde. In so einer Welt leben wir aber nicht, und so eine alle Geschlechter- und soziale Grenzen hinwegfegende Euphorie gab es auch im sich entwickelnden Christentum nur sehr kurz. Mit dem Weg ins gesellschaftliche Establishment verschwinden Gleichheitsenthusiasmus und Beteiligung aller, verschwindet also gerade das, was die junge Jesusbewegung für Frauen und Unfreie so attraktiv gemacht hatte – das hat diese Bewegung mit anderen utopischen Bewegungen der Geschichte gemein.

Wenn Paulus schon gegendert hätte, hätte er vielleicht mit Sternchen-Formen geschrieben. Oder er hätte, wie die „Bibel in gerechter Sprache“ in ihrer Übertragung unter Berücksichtigung der Empfänger*innen des Briefes, die Formen abgewechselt: der einen – einem anderen – wieder einer anderen ... Denn der Brief richtet sich ja an eine gemischte Gemeinde, in der es noch keine Ämter gab, zu denen Frauen keinen Zugang hatten. Und auch wenn Paulus bereits patriarchale Ordnungen in die Organisation der Gemeinde bringt – etwa mit der Anweisung, dass Frauen ihr Haar bedecken sollen –, so ist er doch noch weit entfernt davon, Frauen aufgrund des Geschlechts als mögliche Empfängerinnen von Geistesgaben auszuschließen.

Wenn Paulus schon gegendert hätte, dann sähe die katholische Kirche heute wohl anders aus. In der sich entwickelnden Kirche der Antike etablierte sich eine gesellschaftlich akzeptable patriarchale Ordnung. Und der Brief an die so gemischte Gemeinde in Korinth mit seinen männlichen Pronomen wurde und wird seitdem in eine Kirche hinein gelesen, in der Männer exklusive Rollen spielen. Wenn diejenigen, die den Text mit seinen männlichen Pronomen hören, nicht mehr erleben, dass damit Frauen wie Männer genannt sein können, dann kommt irgendwann der

Punkt, wo so eine vermeintlich neutrale Sprache dann ungleichwertige Geschlechterrollen stabilisiert, fortschreibt und der Kritik entzieht. Die Kirche bekommt ein einseitig männliches Gesicht, und die Frauen verschwinden in den Strukturen der männlichen Sprachformen. Das ist für die frühe Kirchengeschichte genauso ein Problem wie für die gesellschaftliche Teilhabe heute.

Fazit: Es ist leider immer noch wichtig, daran zu erinnern, dass es hier nicht nur um Männer geht, und auch nicht um einen männlichen Gott mit seinen Geistesgaben. Es ist – zumindest wenn man den offiziellen Lesungstexten folgt – immer noch Mühe nötig dafür, dass sich Menschen aller Geschlechter aktiv in den Text hineinlesen können, um sich als gemeint zu erfahren und die Schönheit ihrer Geistesgaben zum Leuchten bringen zu können. Das muss sich ändern, damit wir wieder zu einer Erfahrung der Fülle kommen, wie sie die Lesung beschreibt, mit allem Guten, das aus so vielen Gaben werden kann. Feiert eure Begabungen, Schwestern.

Wer schreibt, bleibt (1 Kor 15,1–11)

Ich erinnere euch, Geschwister, an die frohe Botschaft, die ich euch brachte, die ihr auch angenommen habt und mit der ihr auch auf festem Boden steht. Durch sie seid ihr auch befreit worden, wenn ihr sie festhaltet in dem Geist, in dem ich sie euch verkündete; ohne diese Botschaft höhlt ihr euer Vertrauen aus. Denn als Erstes habe ich euch weitergegeben, was auch ich empfangen habe: Der Messias ist für unsere Sünden gestorben, wie es die Schrift schon sagt. Er wurde begraben und am dritten Tag aufgeweckt nach der Schrift. Von Kephas und dann den Zwölf wurde er als Lebendiger gesehen. Danach erschien er mehr als 500 Geschwistern auf einmal, von denen die meisten heute noch leben, nur einige sind schon tot. Und er erschien danach noch Jakobus und allen Apostelinnen und Aposteln. Als Letztem erschien er auch mir als einer Nachgeburt. Denn ich bin der Geringste in der apostolischen Gemeinschaft und nicht wert, Apostel zu heißen, weil ich die Gemeinde Gottes verfolgt habe. Durch Gottes Freundlichkeit bin ich geworden, was ich jetzt bin, und Gottes Freundlichkeit zu mir ist nicht enttäuscht worden. Ich habe nämlich mehr als alle anderen geschuftet – nicht aus angeborener Kraft, sondern weil Gottes Freundlichkeit mich begleitet hat. Doch gleich, ob die anderen oder ich: So haben wir verkündigt, und so habt ihr geglaubt.

Ich verwende sehr gern die „Bibel in gerechter Sprache“, weil sie Frauen immer wieder aus der Unsichtbarkeit der männlichen Sprachformen herausholt. Bei dieser Stelle, gebe ich zu, tue ich das mit einiger Skepsis: Ob es hier nicht eine falsche Beruhigung ist, die Apostelinnen den Aposteln zur Seite zu stellen, von denen Paulus erzählt, der Auferstandene sei ihnen erschienen? Denn zwar entspricht das der Aufbruchsbegeisterung der jungen Gemeinden, in denen auch Geschlechterrollen für einen geschichtlichen Moment der Freiheit aufgehoben waren, zumindest im Bereich der Religion. Es entspricht auch der Überlieferung, wie wir sie in den Auferstehungserzählungen finden, und zwar in allen Evangelien.

Aber ich bin nicht sicher, ob es auch dem Willen des Paulus entspricht. Denn wenn Paulus die Frauen hätte mit nennen wollen, dann hätte er vor allem die ersten Auferstehungszeuginnen nicht ausgespart. „Von Kephas und dann den Zwölf wurde er als Lebendiger gesehen“ – das ist ja nun erst das zweite Kapitel der Geschichte vom Ostermorgen. Alle Evangelien erzählen, dass der Auferstandene zuerst den Frauen begegnete. Die berichteten dann den Zwölf – und die hielten es für Weibergeschwätz. Dieses erste Kapitel der Geschichte, das in so verschiedenen Erzählungen transportiert wurde, dass man es als Allgemeingut in den jungen Gemeinden ansehen muss, ignoriert Paulus hier gepflegt. Das gehört mit in die Re-Patriarchalisierung der revolutionären Jesus-Bewegung, von der im Kommentar zu einer vorangegangenen Passage aus diesem Brief schon die Rede war. In diese Kurzformeln des Glaubens wurden dann allein die Männer aufgenommen. Und der Rest ist History, nicht Herstory.

Vielleicht hielt Paulus die Frauen nicht für geeignete Personen in der Autoritätskette der Überlieferung von Jesus-dem-Lebendigen. Oder die Frauen galten in der damaligen Gegenwart der entstehenden Kirche nicht mehr als Garantinnen für die Wahrhaftigkeit der Geschichten wie Petrus, und wurden deswegen hier von Paulus nicht erwähnt. Oder ihm war es schlicht nicht wichtig genug. So wie es in den Evangelien auch Geschichten darüber gibt, wie Männer in die Nachfolge Jesu kamen – über die Frauen, mit denen es solche Begebenheiten auch gegeben haben muss, wurden sie aber nicht weitererzählt. Die Frauen erscheinen dann im Nebensatz auf einmal als die, die auch zahlreich mit Jesus unterwegs sind und mit ihrem Geld die ganze Gruppe finanzieren. Aber wie es dazu kam – das ist vergessen, aus der Geschichte herausgeschrieben bzw. gar nicht erst in sie hineingeschrieben worden.

Wer schreibt, bleibt. Und wer nicht schreibt, muss sehen, wo sie bleibt. Für Frauen in der Kirche heißt das: Verlasst euch nicht darauf, dass Männer eure Anliegen engagiert und nachhaltig unterstützen und euch wirklich ernsthaft als Nachfolgerinnen Jesu achten, Schwestern. Manche tun das, Gott sei Dank. Andere nicht, beziehungsweise nur so lange, wie es ihre eigene Position nicht gefährdet oder sich anderweitig unangenehm anfühlt. Und das passiert leicht, denn wer bis dahin (unbewusste) Privilegien genießt, für den (oder die) fühlt sich Gleichberechtigung wie Benachteiligung an. Und das gilt natürlich nicht nur für Frauen, sondern für alle, die nicht in das vorherrschende Männlichkeitsbild passen.

Und wie schade es für die erzählte Geschichte der Freundinnen und Freunde Jesu ist, wenn die Frauen fehlen! „Er ist dem Kephas erschienen" – da fehlt die Hälfte, mindestens. Da fehlt der Ostermorgen. Da fehlen die Sehnsucht und die Trauer und das Losgehen-trotz-Allem. Da fehlen die Tränen am Grab und die lichtvolle Begegnung in der Morgendämmerung. Da fehlen die fliegenden Schritte zurück in die Stadt. Und später fehlen in der Kirche so viele Begabungen, so viele Menschen, so viele Sichtweisen, fehlen Fülle und Ganzheit. So viel Mühe ist nun nötig, um wieder zu Fülle und Ganzheit zu kommen, und so ungewiss ist, ob es gelingt. Schade, Paulus.

Die Schwerkraft ungerechter Strukturen (Phlm 8–16)

Zwar habe ich in enger Verbundenheit mit dem Gesalbten die Freiheit dir zu befehlen, was angemessen ist, doch um der Liebe willen möchte ich – Paulus – dich lieber bitten, und das als einer, der wegen seines Alters Respekt verdient und jetzt auch noch im Gefängnis einsitzt um des Gesalbten Jesus willen. Ich bitte dich für mein Kind, das ich in Fesseln geboren habe, den Onesimus. Er war für dich damals ohne Nutzen, jetzt aber ist er für dich und mich von großem Nutzen. Ihn habe ich dir zurückgeschickt, ihn, das heißt: mein Innerstes. Ich hätte ihn gerne bei mir behalten, damit er mir an deiner Stelle in den Fesseln der Freudenbotschaft dient. Doch ohne deine Zustimmung wollte ich nichts tun, damit deine gute Tat nicht wie unter Zwang, sondern freiwillig geschieht. Denn vielleicht wurde er deshalb für kurze Zeit von dir getrennt, damit du ihn schließlich für immer empfängst, nicht mehr als einen Sklaven, sondern als jemand, der weit mehr ist als ein Sklave: nämlich ein geliebter Bruder. Das ist er ganz besonders für mich, um wie viel mehr sollte er es für dich sein – als Mensch und als einer, der zum Gesalbten gehört.

Wie ein Brief verstanden wird, ist oft eine Frage des Kontextes. Paulus schreibt an Philemon, ein leitendes Gemeindemitglied, um ihn dazu zu bringen, seinen geflohenen oder sich herumtreibenden Sklaven Onesimus wieder aufzunehmen und dann als Bruder zu behandeln. Das ist eine richtige, aber nicht vollständige Zusammenfassung dieses Briefs, der irgendwann zwischen 52 und 55 n. Chr. Entstanden ist. Zum Kontext gehört auch: Paulus schreibt gemeinsam mit Timotheus an Philemon und wendet sich zugleich an eine größere Gemeindeöffentlichkeit, repräsentiert von Aphia und Archippus. Das gibt dem Brief ein anderes Gesicht als wenn er lediglich als Brief von Paulus an Philemon geframet wird. Paulus appelliert an die Freiwilligkeit des Philemon und setzt ihn zugleich deutlich unter Druck, durch emotionale Ansprache wie auch durch die Herstellung einer Öffentlichkeit – eine Öffentlichkeit, die Frauen als wichtige Akteurinnen kennt. Das ist kein herrschaftsfreier Diskurs, sondern zeigt, dass auch Menschen mit den besten Absichten nicht davor gefeit sind, subtil Macht über andere auszuüben. Und dennoch scheint auch hier noch in dieser Gebrochenheit ein Schimmer der göttlichen Liebe durch, in der alle Menschen, alles Lebendige gleich gesehen, gemeint und gehalten sind.

Der Brief wurde in der langen Christentumsgeschichte oft dazu benutzt und missbraucht, Sklaverei zu rechtfertigen. Das ist nicht nur Bequemlichkeit oder Eigeninteresse der später mit dem Brief argumentierenden Personen, sondern es verweist auf ein Problem des Ansatzes, den Paulus hier vertritt: Paulus argumentiert innerhalb des Systems, und nach dieser Argumentation bleibt Onesimus ein Sklave. Aber innerhalb der Gemeinde gibt es diese fundamentalen Unterschiede zwischen Sklaven und Freien nicht mehr und entsprechend soll der Sklavenbesitzer Philemon ihn als Bruder behandeln. Der Druck, den Paulus aufbaut, zeigt, wie viel das von Philemon verlangt ist, wie wenig selbstverständlich diese Gleichheit der Getauften ist. Denn das System der Sklaverei hat seine eigene Schwerkraft, und so setzt sich denn auch der innerhalb des Systems eingeführte neue Umgang nicht nachhaltig durch, sondern im Christentum gibt es dann doch wieder sehr wirksame Unterscheidungen zwischen Oben und Unten, Herrschenden und Beherrschten.

Ähnlich ging es mit der neuen Gleichberechtigung der Geschlechter in der Gemeinde, die an Jesus als Mensch-von-Gott glaubte: Das herrschende System des Patriarchats wurde nicht angetastet, aber in ihrem Innenleben war die Gemeinde anders aufgestellt, ein Gegenbild zur umgebenden Gesellschaft, mit Frauen als gleichberechtigten Schwestern, als Leiterinnen gar. Wo Frauen diese Freiheit aber in äußere Formen umsetzten – als Wüstenmütter, als Pilgerinnen, als öffentlich Lehrende –, da wurden sie häufig genug wieder in die gesellschaftlichen Schranken verwiesen, die dann auch den christlichen Brüdern recht gelegen kamen, und am Ende hatten sie in der Gemeinde zu schweigen: Denn auch das Patriarchat hat seine eigene Schwerkraft, mit der es uns bis heute am Fliegen hindert.

Paulus ist hier schon in einem Bemühen unterwegs, in lebbare Kompromisse umzusetzen, was Jesus von Nazaret als radikale Forderung ausgesprochen hatte: In der Endzeit Gottes zu leben, ohne gesellschaftlich oder religiös begründete Trennungen zwischen Menschen, unmittelbar aus dem großen Erbarmen Gottes heraus. Leben in Verbundenheit, ohne die Sachzwänge menschenverachtender Strukturen. Menschen haben schon wenige Jahrzehnte danach versucht und sind auch daran gescheitert, das innerhalb dieser Sachzwänge lebendig zu halten. Der Brief an Philemon, Aphia und Archippus ist ein Zeugnis dieses Versuchs.

Heute sehen wir es als Irrweg, den Brief als Rechtfertigung der Sklaverei zu lesen anstatt als Bemühen, ein richtiges Leben im falschen zu führen. Es entlarvt zudem den eigenen Standpunkt in den heutigen Debatten um Rassismus und Privilegien, wenn man den Brief automatisch aus der Perspektive des Sklavenhalters liest. Gleiches gilt für alle Textstellen, an denen wie beim sichtbaren Teil eines Eisbergs noch zu sehen ist, wie kraftvoll gleichberechtigt die Frauen der frühen Gemeinden waren. Sie sind nicht dafür da, in heute wirksame Logiken des Ausschlusses und der Über- und Unterordnung eingepasst zu werden, sondern sie sind zu lesen als Zeugnis für die vorübergehende Überwindung dieser ungerechten Strukturen. Und sie sind zu lesen als Ermutigung, diese Überwindung immer neu anzugehen.

Deutlich mehr als die Hälfte der heute versklavten Menschen sind Frauen und Kinder. Vor dem Hintergrund der heute noch intakten Strukturen von Menschenhandel, sexueller Ausbeutung und Rechtlosigkeit wirkt der Gelegenheitsbrief von Paulus und Timotheus betreffend den Sklaven Onesimus – der selber keine Stimme bekommt, sondern über den nur gesprochen und geschrieben wird – fast hilflos. Aber ein einzelner Sklave von hunderttausenden hat so wenigstens einen Namen, der heute noch gelesen wird. Onesimus ist ein Teil der Gemeinde Jesu durch die Zeit hindurch.

Als die Zeit erfüllt war, sandte Gott seinen Sohn, geboren von einer Frau und dem Gesetz unterstellt, damit er die freikaufe, die unter dem Gesetz stehen, und damit wir die Sohnschaft erlangen. Weil ihr aber Söhne seid, sandte Gott den Geist seines Sohnes in unsere Herzen, den Geist, der ruft: Abba, Vater. Daher bist du nicht mehr Sklave, sondern Sohn; bist du aber Sohn, dann auch Erbe, Erbe durch Gott. (Einheitsübersetzung)

Diese Lesung aus dem Brief des Paulus an die Gemeinden in Galatien macht einmal mehr deutlich, wie wichtig Übersetzungen sind. Es ist schwierig, zuzuhören, wenn einer Übersetzung so gar kein Problembewusstsein für Diskriminierung und Ausschluss anzuhören ist. Diese Lesung sagt in dieser Übersetzung allen Frauen im Gottesdienst: Es gab hier nur Platz für eine einzige Frau. Deren Job war es, den Herrn zu gebären. Alles andere eine Sache von Männern und zwischen Männern.

Mit Paulus würde ich ohnehin gerne einmal diskutieren, über sein Frauenbild und darüber, warum er Maria als Auferstehungszeugin so einfach übergeht. In den Streit mit den Gemeinden in Galatien, die vom Heidentum zum Glauben an Jesus gekommen waren und jetzt im Begriff standen, nach der Taufe auch die Tora zu übernehmen, mische ich mich nicht ein. Aber ich würde Paulus gerne fragen, wie sehr er denn eigentlich geprägt ist von seiner Tradition, in der ein geläufiges Gebet eben auch lautete: Gepriesen sei Gott, der mich nicht als Heide, nicht als Sklave, nicht als Frau erschaffen hat. Heute gibt es einige jüdische

Strömungen, die hier positiv formulieren: der mich als Jude, frei, nach seinem Bild erschaffen hat. In anderen Strömungen beten Frauen im letzten Teil „nach seinem Willen erschaffen hat“, anstatt diesen Satz ganz wegzulassen. Das Gebet klingt durch, wenn Paulus zuvor in diesem Brief klarstellt: Hier ist nicht mehr jüdisch oder heidnisch, frei oder versklavt, männlich oder weiblich (Gal 3,18). Aber so von Bedeutung, dass er wirklich intensiv darauf eingeht, ist ihm hier nur der erste aufgehobene Gegensatz, der zwischen jüdisch und heidnisch. Er widerspricht weder der Sklaverei noch dem Patriarchat in einer Weise, dass die Gemeinden hier dauerhaft alternative Ordnungen etablieren müssten. Er sendet den Sklaven Onesimus zurück zu seinem Herrn Philemon, und er trägt den Frauen auf, sich ihren Männern unterzuordnen. Den deutlichen Widerspruch der Frauen, die sich durch Glauben und Taufe anders befreit wissen, bügelt er ab. Vielleicht ist an dieser Stelle besonders schade, dass Paulus Jesus von Nazaret und dessen Umgang mit Frauen nicht hat erleben können. Zu Paulus' Verteidigung lässt sich sagen, dass er die Frauen, die schon Gemeindeverantwortung tragen, akzeptiert. Ein Feminist im Sinne, dass er aktiv für Gleichberechtigung eintritt, ist er aber ganz sicher nicht.

Worüber Paulus vermutlich mit uns heute diskutieren wollte: die Dreifaltigkeitstheologie. Diese sollte man nicht in Paulus hineinlesen. Paulus unterscheidet Christus von Gott und scheint eher der Richtung anzugehören, die Christus als dauerhaft Gott untergeordnet betrachtet, so z.B. im 15. Kapitel des ersten Briefes an die Gemeinde in Korinth. Den Geist kennt Paulus noch nicht als Person der Dreifaltigkeit;

darum spricht er hier auch vom Geist des Sohnes, nicht Gottes.

An Paulus merkt man hier gut, dass die Grenzen der Sprache oft die Grenzen des Denkbaren bestimmen; gerade darum ist gendern so wichtig. Als Übersetzer*in hat man hier eine Verantwortung. „Pater" im Griechischen (und Lateinischen) kann neben dem Sinn „biologischer Vater", der männlich gegendert ist, auch für Herkunft verwendet werden, gerade im Plural. Dann geht es aber um Abstammung, Vormundschaft oder Verantwortung. Darum kann man an solchen Stellen gut mit „Eltern" oder mit „Vater und Mutter" übertragen. Vergleichbar ist es mit dem griechischen Wort „hyios", „Sohn". Bei diesem kann es auch um ein bestimmtes Kind gehen, oder aber um ein Abstammungsverhältnis. Die „Söhne Israels" schließen selbstverständlich die Frauen ein, was man leicht übertragen kann mit „Kinder Israels". Gerade wenn die Zielsprache der Übersetzung etwas differenzieren kann, was die zu übersetzende Sprache nicht kann, dann ist es Pflicht, genau zu betrachten, welcher Aspekt eines mehrdeutigen Wortes die Aussageabsicht am besten trifft.

Hier ist nun zuerst auf Jesus Bezug genommen, der als Mensch-von-Gott natürlich als Sohn bezeichnet werden kann, da er männlichen Geschlechts ist. Hier kommt es aber gerade nicht auf Jesu Geschlecht, sondern auf seine Abstammung an. Daher wäre eine Übersetzung mit „Gotteskind" oder „Mensch von Gott" angemessener, auch um herauszustellen, dass das Evangelium eben an kein Geschlecht gebunden ist.

Und noch mehr gilt das für die Getauften. Paulus argumentiert hier, dass sie durch Jesus in ein Adoptionsverhältnis mit Gott aufgenommen wurden. Es geht nicht um ihr Geschlecht, sondern um ihr Gottesverhältnis. Die Bibel in gerechter Sprache übersetzt darum genau wie die revidierte Lutherübersetzung mit „Kindschaft“:

Als aber die Fülle der Zeit kam, da sandte Gott das Gotteskind aus: geboren aus einer Frau und geboren unter die gesetzte Ordnung. Die unter der Gesetzesordnung leben, sollte es freikaufen, damit wir als Kinder adoptiert würden. Weil ihr aber Kinder seid, hat Gott die Geistkraft des Gotteskindes in unsere Herzen ausgesandt, die mit lauter Stimme ruft: Abba! Vater! Du bist also nicht mehr versklavt, sondern Kind; wenn aber Kind, dann auch erbberechtigt durch Gott.
(Gal 4,1–7, Bibel in gerechter Sprache)

Es bleibt noch viel zu tun, damit und bis Religion nicht mehr als Warmhalteplatte für das Patriarchat funktioniert.

Kein Wort für heute (Eph 5,21–32)

Ordnet euch einander unter in Ehrfurcht vor Christus: Ihr Frauen euren Männern, wie dem, der über euch Herr ist! Denn ein Mann ist Haupt der Frau, wie auch Christus das Haupt der Kirche ist, er ist Retter des Leibes. Darum, wie die Kirche sich dem Christus unterwirft, so auch die Frauen den Männern in allem. Ihr Männer, liebt die Frauen, ebenso wie Christus die Kirche geliebt hat und sich selbst für sie gegeben hat, um sie zu heiligen, indem er sie durch das Wasserbad im Wort reinigte. Somit stellte er sich die Kirche als eine Glänzende vor Augen, die keinen Flecken, Runzeln oder Ähnliches hat, sondern die heilig und fehlerlos ist. Die Männer müssen ihre Frauen ebenso lieben wie den eigenen Körper. Wer seine Frau liebt, liebt sich selbst. Denn niemand hat je sein eigenes Fleisch gehasst, sondern er pflegt und hegt es, wie auch Christus die Kirche, denn wir sind Glieder seines Leibes. Darum wird ein Mensch Vater und Mutter verlassen und sich mit seiner Frau verbinden, und die zwei werden ein Fleisch sein. Dieses Geheimnis ist groß. Ich rede aber in Bezug auf Christus und die Kirche.

Die Kirche war bei Abfassung dieses Briefes schon älter geworden. Die Aufbruchsstimmung war verflogen. Die Energie der umstürzenden Neuerung hatte nachgelassen. Die Erwartung, dass das angebrochene Gottesreich vollendet würde, war bereits verblasst. Das Experiment, ganz anders zu leben, das seiner Zeit so weit voraus gewesen war, wo so viel von Gottes befreiendem Geist spürbar geworden war, es hatte nach und nach seinen Schwung und seine Überzeugungskraft verloren, und die Gemeindeordnung hatte sich dem Alltag der patriarchalen Familien- und Gesellschaftsordnung angepasst. Schon eine Generation später war nicht mehr viel übrig von der Revolution der Gotteskinder, die wussten: „Da ist nicht jüdisch noch griechisch, da ist nicht versklavt noch frei, da ist nicht männlich und weiblich: denn alle seid ihr einzig-einig im Messias Jesus." (Gal 3,28)

Diese Zeiten sind vorbei. Es war nicht gelungen, so lange gegen den Strom der Mehrheitsgesellschaft anzuschwimmen. Jetzt galten deren konservative Regeln von Über- und Unterordnung auch in der frühen Kirche. Wer den Brief geschrieben hat, hat wohl noch versucht, auch in dieser Ordnung noch einen Abglanz von Gottes leuchtender Gegenwart zu entdecken. Aber für die Frauen der Gemeinden ist das mehr als bitter, damals wie heute.

Wenn diese Lesung von Gott erzählt, dann vielleicht so: Dass die Geistkraft Gottes nicht gegen die Menschen wirkt. Dass die Freiheit der Kinder Gottes besonders für Mädchen und Frauen nie selbstverständlich ist. Dass der Zeitgeist schon sehr früh in der Kirche weht. Dass es immer eine kritische Instanz braucht, die auf die Verwechslungsgefahr von göttlicher und menschlicher Ordnung hinweist, besonders wenn es um Verhältnisse von Über- und Unterordnung geht. Dass ausgerechnet Jesus-der-Gesegnete zum Patriarchen seiner Kirche gemacht wurde. Dass wir das Bild Gottes in dieser Welt verzerren, wenn mit Gott Herrschaftsverhältnisse gerechtfertigt werden, anstatt dass Gott auf der Seite der Beherrschten geglaubt wird. Dass Gott sich so radikal auf uns Menschen einlässt, dass selbst so eine Verzerrung möglich ist, denn Gott leidet still auf der Seite der Beherrschten. Dass wir in Demut und Selbstkritik die Gebrochenheit unseres eigenen Glaubens anerkennen müssen, um derer Willen, die sich auf einmal ganz am Ende der geistlichen Nahrungskette wiederfinden. Dass es leicht gesagt ist, das sei alles nur geistlich gemeint – am Ende steht, dass Frauen unsichtbar und unhörbar werden. Dass uns nur auf der Grundlage so einer Selbstkritik ansteht, auch andere Religionen und ihr Frauenbild zu kritisieren. Da war mal was, oder, vom Balken im eigenen Auge.

Zur Freiheit hin (Phil 3,8–14)

Ja, wahrlich: Ich halte das alles für ein Verlustgeschäft, weil die Erkenntnis Jesu Christi, die dazu führte, dass ich ihm mein Leben anvertraut habe, wichtiger ist als irgendetwas sonst. Um Christi willen habe ich mich um das alles bringen lassen und halte es auch weiter für einen feuchten Dreck, damit ich Christus gewinne und als zu Christus gehörend erkannt werde. Nicht die Gerechtigkeit, die allein aus der Tora zu gewinnen ist, soll die meine sein, sondern diejenige, die durch die Treue Christi zugänglich ist und die Gott schenkt auf Grund des Glaubens. Christus möchte ich erkennen und die Kraft seiner Auferstehung erfahren, an seinen Leiden möchte ich Anteil haben, und mein Leben soll von der Gestalt seines Todes mitgeprägt werden, damit ich auch zur Auferstehung von den Toten gelange. Nicht dass ich es schon ergriffen hätte oder schon zum Ziel gelangt wäre, ich laufe aber auf das Ziel zu, um es zu ergreifen, weil ich selbst von Jesus Christus ergriffen bin. Meine Schwestern und Brüder, ich schätze mich selbst nicht so ein, dass ich es schon ergriffen hätte. Eins aber tue ich: Ich vergesse, was hinter mir liegt, und strecke mich aus nach dem, was vor mir liegt; ich laufe auf das Ziel zu, um den Siegespreis zu erlangen. Das ist die Berufung zum ewigen Heil, die Gott uns schenkt, wenn wir uns auf Jesus Christus vertrauensvoll einlassen.

„Christus möchte ich erkennen und die Kraft seiner Auferstehung erfahren, an seinem Leiden möchte ich Anteil haben, und mein Leben soll von der Gestalt seines Todes mitgeprägt werden, damit ich auch zur Auferstehung von den Toten gelange“: Soviel Befreiung und so viel Gefahr zur Entstellung in einem Satz.

Es geht nicht darum, sich das Leben schwer zu machen, schwerer als es ohnehin ist. Es geht nicht darum, sich etwas zu verbieten, sich an Lebensfreude zu hindern, möglichst hart zu sich selber zu sein.

Was bleibt denn von dem Gedanken, dass im Kreuz Jesu Erlösung zu finden ist, wenn man nicht (mehr) glaubt, dass es um meine individuelle Schuld und Sünde geht, für die Gott ein Opfer gefordert hätte und die nur deswegen vergeben werden, weil Jesus für mich gestorben ist? Ein unglaublich niederdrückendes, lebensfeindliches Bild, das Menschen deformiert, indem es Macht über ihre Gewissen ausübt und ihnen Schuldgefühle einpflanzt, die sie am Freiwerden hindern – und es wirkt noch subtil oder auch weniger subtil nach. Es tritt auch in der Form auf, dass es um die Schuldverstrickung der ganzen Menschheit ging, die gesühnt werden musste – das macht es nicht besser. (Ebenso bitter ist es, wenn mit diesem Text die Gottsuche und der Gottesglaube des Ersten Testaments abgewertet werden, als hätte Paulus sein Judentum verlassen.) Und Paulus selbst möchte mit diesem Satz sicher nicht sagen, dass er die Todesstrafe durch Kreuzigung erleiden will. Was aber dann?

Ich verstehe diesen Text so: Jesus hatte die radikale Lebensfreundlichkeit Gottes gepredigt. Dass Gott die Gewaltordnung dieser Welt nicht will. Dass es nicht Gott entspricht, Menschen auszugrenzen, klein zu halten, zu verurteilen. Dass Unterdrückung nicht mit Gott begründet werden darf. Jesus hatte Offenheit und Zuwendung rückhaltlos verschenkt, und auf eine machtvolle Güte vertraut, deren untergründige, weltverwandelnde Kraft so weit reicht, dass er ihretwegen alle eigenen Machtansprüche abgegeben hat – soweit er eben welche hatte als Angehöriger eines beherrschten Volkes: Weder mit seiner Torakenntnis noch mit seinem Mannsein hat er von gesellschaftlichen Macht- und Herrschaftsstrukturen profitiert. Im Gegenteil, gerade die „Gestalt seines Todes“ ist die ultimative Absage an Herrschaft und Unterdrückungsstruktur, denn der Tod am Kreuz bedeutete auch den Verlust der sozialen Männlichkeit. Dann ist „Anteil an seinem Leiden“ der Verzicht auf Machtausübung über andere Menschen – auf alles, was andere Menschen klein macht, demütigt, beschämt, verletzt. Denn die machtvolle Güte, der Jesus sich überlassen hat, umfängt alle, die unterdrückt werden, und bewahrt ihr Leben, ihre Identität, ihre Würde auf eine endgültige Weise. Ihr will sich auch Paulus radikal überlassen.

Wenn wir diesem Text Geltung geben, dann heißt das für heute auch, dass Männer nicht über Frauen herrschen dürfen. Dass Menschen nicht mit angeblichem theologischen Wissen in ihrer Glaubens- und Gewissensfreiheit beschnitten werden dürfen. Und natürlich, dass in der Kirche Frauen nicht mit dem Argument, Jesus sei halt ein Mann gewesen, ausgegrenzt und abgewertet werden dürfen – nicht mit tausend kleinen Nadelstichen und nicht mit dem Ausschluss von Ämtern. Es geht nicht um private Selbstkasteiung, sondern um öffentliche Gerechtigkeit, um den öffentlichen Widerspruch zu Sexismus, Rassismus, Kolonialismus. Und darum, dass man zielsicher verfehlt, das eigene Leben von der Gestalt des Todes Jesu prägen zu lassen, wenn man ausgerechnet in seinem Namen andere Menschen unterdrückt, missachtet, diskriminiert. Der Glaube Jesu und der Glaube an Jesus führen in die Freiheit.

Freiheit in der Gnade Gottes
(Gal 5,1.13–18)

Zur Freiheit hat uns der Messias befreit, steht also aufrecht und lasst euch nicht wieder unter das Joch der Sklaverei fangen. […] Ihr aber, Schwestern und Brüder, seid zur Freiheit gerufen, nur sei die Freiheit kein Vorwand dafür, es der herrschenden Weltordnung nachzumachen, sondern durch die Liebe sollt ihr füreinander Sklavendienst leisten. Denn die ganze Tora ist in einem einzigen Wort erfüllt: Liebe deinen Nächsten und deine Nächste wie dich selbst. Wenn ihr einander jedoch reißt und beißt, seht zu, dass ihr voneinander nicht aufgefressen werdet. Ich sage aber: Lebt in der Geistkraft und ihr werdet euch von den Begehrlichkeiten, die in der Hörigkeit gegenüber der herrschenden Weltordnung wurzeln, nicht steuern lassen. Denn der herrschaftshörige Impuls begehrt gegen die Geistkraft auf; die Geistkraft aber gegen die Herrschafts-Hörigkeit: Diese beiden sind das wirkliche Gegensatzpaar, und deswegen tut ihr nicht, was ihr eigentlich tun wollt.

Wenn ihr euch aber von der Geistkraft leiten lasst, steht ihr nicht unter der Gesetzesanordnung.

Bei dieser neutestamentlichen Lesung spricht viel für die Verwendung der Bibel in gerechter Sprache, wie ich sie auch hier herangezogen habe. Die Einheitsübersetzung übersetzt die letzten Verse nämlich mit „Wandelt im Geist, dann werdet ihr das Begehren des Fleisches nicht erfüllen! Denn das Fleisch begehrt gegen den Geist, der Geist gegen das Fleisch, denn diese sind einander entgegengesetzt …“ Wie viel Leibfeindlichkeit hat sich auch wegen dieser Verse im Christentum ausgebreitet, wie viel Körperkontrolle sollte damit gerechtfertigt werden, wie viel psychische Not wurde damit verursacht und wie viel ungelebtes Leben war die Folge.

Die Bibel in gerechter Sprache überträgt hier das griechische „sarx“/„Fleisch“ im Sinn von „Konformität mit der Weltordnung des Imperiums“. Anders als „soma“ für „Leib“ steht „sarx“ nämlich für alles, was weltlich und damit auch unerlöst ist. Denn die gesamte Menschheit gibt es in diesem, von der hebräischen Bibel geprägten Denken nur als erlösungsbedürftig – denn überall, wo es Menschen und menschliche Freiheit gibt, gibt es auch das Sich-Verfehlen dieser Freiheit, und niemand entspricht aus sich heraus der Gerechtigkeit Gottes. Paulus stellt den Geist, „pneuma“ dagegen: was gnadenhaft geschenkt ist und den Menschen in den Bereich Gottes bringt.

Beim Gegensatz von Geist und Fleisch geht es aber nicht um einen Gegensatz im Menschen, in dem Körperlichkeit und Geistiges gegeneinander stünden. Es geht in diesem Text nicht darum, dass man den eigenen Leib geringschätzen, abwerten, Empfindungen als sündhaft fürchten, sich Genuss verbieten sollte. Sondern die Zielrichtung des Textes ist, dass es weltliche Maßstäbe gibt und solche, die aus der Gnade Gottes kommen – und dass Leben aus der Gnade Gottes gerade heißt, sich nicht den unterdrückenden Logiken der (römischen) Gesellschaftsordnung anzuschließen.

Freiheit heißt nicht, kein Gesetz mehr zu befolgen und sich nichts und niemandem mehr verpflichtet zu wissen. Frei zu sein in der Gnade Gottes heißt, die unterdrückende Weltordnung hinter sich zu lassen.

Und in einem zweiten Schritt braucht man zum Leben aus dem Geist nach Paulus aber eben nur noch den Glauben an Jesus Christus, nicht mehr das Einhalten des gesamten jüdischen Gesetzes.

Und was ist nun diese unterdrückende Weltordnung? Im Alten Rom ist es die Herrschaft einiger weniger über die vielen, die Trennung in Sklaven und Freie, die militärische Unterdrückung und die Ausbeutung unterworfener Gebiete. Wenn es um ungerechte Wirtschaftsordnungen geht, wäre heute wohl der Kapitalismus als erstes zu nennen – dann heißt „Leben aus dem Geist", dessen Rechtfertigung von Arm und Reich nicht hinzunehmen und sich ihr so gut wie möglich zu entziehen, ihr den Boden zu entziehen. Genauso wichtig sind aber die mit dem Kapitalismus eng verflochtenen großen Unterdrückungsmechaniken: Rassismus, Sexismus, Kolonialismus, Ableismus.

In der Kirche aus dem Geist Gottes leben heißt dann: Einen Gegenentwurf zur ungerechten Ordnung zu wagen und nicht mit kirchlichen Regeln ungerechte Ordnungen noch fortzuschreiben, wenn sie gesamtgesellschaftlich längst in Frage gestellt werden. Dann darf natürlich auch Sexismus in der Kirche keinen Platz mehr haben. Das gilt auch für die zum Glaubensgut erhobene Geschlechterlehre, die Geschlechterentwürfe des 19. Jahrhunderts sakralisiert und der Kritik entzieht.

Kurz: Leben aus dem Geist heißt darum auch, Geschlechtergerechtigkeit zu verwirklichen.

Das Haus Simons, des Gerbers: Ort einer umstürzenden Erfahrung (Apg 10,34–38)

Petrus begann zu sprechen und sagte: „Wahrhaftig, jetzt begreife ich, dass Gott nicht parteilich ist. Vielmehr sind Gott in jedem Volk diejenigen recht, die Gott achten und rechtschaffen handeln. Das ist die Botschaft, die dem Volk Israel gesandt wurde, als Gott durch Jesus, den Gesalbten, der Macht hat über alle, Frieden verkünden ließ. Ihr wisst, was sich in ganz Judäa herumgesprochen hat: Begonnen hat Jesus aus Nazaret in Galiläa nach der Taufe, die Johannes verkündigte, als Gott ihn mit heiliger Geistkraft und Macht wie mit Salböl übergoss. Da zog er umher, tat Gutes und heilte alle, die vom Teufel unterjocht wurden, weil Gott mit ihm war.

Es braucht keinen Ritus, keine religiösen Regeln, keine erfüllten Voraussetzungen, um zu Gott zu gehören: Gott achten und rechtschaffen handeln, das reicht. Ein großer Schritt für den Juden Petrus, ein großer Schritt in die immer größere Freiheit Gottes. Es ist eine Sternstunde der Geschichte, in der alles Trennende seine Kraft verliert – die Herkunft, die Religion, das Geschlecht. Für einen Moment wird die Weite Gottes erlebbar.

Wir hören diese Stelle nicht oft im Gottesdienst, daher fehlt der Kontext. Dieser kann weit mehr, als das Sonntagsevangelium von der Taufe Jesu im Jordan zu bebildern. Es ist die Mitte der Wandlung des Simon Petrus hin zu einer Größe und Weite, die heute unvorstellbar scheint.

Es geht los damit, dass Simon, der fromme Jude, der in Jesus seinen Messias gefunden hatte, der in Jesu Namen heilte, taufte, das Brot mit seinen Glaubensgeschwistern brach, eine Vision hatte: Vom Himmel senkte sich ein großes Tuch herab, voll beladen mit allerlei Tieren, und er hörte den Befehl einer himmlischen Stimme: „Schlachte und iss!“ Die so gerechtfertigte Gewalt gegenüber Tieren ist ein weiteres Problem – erst einmal geht es hier um ein göttliches Picknick als Verführung, denn die versammelten Tiere gelten als unrein und sind daher verboten zu essen, und Simon widersteht denn auch, bis die begleitende himmlische Stimme hörbar ungehalten wird und ihn rüffelt: „Was Gott für rein erklärt hat, das erkläre du nicht für abscheulich!“ (Apg 10,9–16)

Und während Petrus noch damit beschäftigt ist, mit diesem religiösen Albtraum von einer Vision zurechtzukommen, kommt eine Gesandtschaft aus Caesarea, um ihn in das Haus eines römischen Befehlshabers namens Cornelius einzuladen. Petrus beginnt, die Vision zu verstehen und auf seinen Umgang mit Menschen hin zu übersetzen. Es geht nicht nur ums Essen, es geht darum, dass vor Gott nichts und niemand allein durch sein So-Sein unheilig oder unrein ist. Im Haus des Cornelius – das zu betreten nach damaliger frühjüdischer Glaubensüberzeugung schon eine Übertretung der Tora war – hält nun Petrus die Rede, die mit seinem eigenen Staunen darüber beginnt: „Wirklich, jetzt begreife ich, dass Gott nicht auf die Person sieht, dass Gott nicht parteilich ist.“

In der Folge kommt die heilige Geistkraft über alle Anwesenden, jüdische wie nichtjüdische, Männer wie Frauen, Freie wie Unfreie. Erfüllt von dieser Geistesgegenwart tauft Petrus alle, und unmittelbar darauf muss er sich vor seinen Glaubensgeschwistern in Jerusalem rechtfertigen. Diejenigen, die diese Geistkraft nicht erlebt haben, sehen nicht die großartige göttliche Entgrenzung, sondern die Übertretung. Und ihnen entgegnet Petrus: „Wer bin ich, dass ich Gott hindern könnte?“ (Apg 11,17)

Schön – und anders als heute erlebbar – ist, dass dieses Argument von den Jerusalemern sofort akzeptiert wird, so erzählt es jedenfalls der harmoniebedachte Lukas.

Der Satz „Gott ist nicht parteilich, Gott schaut nicht auf die Person“, er ist also weit mehr als der Beginn einer Rede. Er könnte das Gesicht der Kirche verändern, denn er erwächst aus einer umstürzenden Erfahrung. Petrus wird ein Grenzgänger, weil er auf einmal wirklich begriffen hat, was die Weite Gottes meint.

Vor Gott sind alle Menschen gleich. Egal, wer sie sind, wen sie lieben, wie sie aussehen, wo sie herkommen, was sie glauben. Und: Gott lädt jeden in ihre Weite ein.

Es ist nicht unbegreiflich, aber tieftraurig, was daraus geworden ist: eine Kirche voller Verletzungsgeschichten, die sich noch nicht einmal darauf einigen kann, dass es diese Verletzungen gibt. Könnte die heilige Geistkraft heute die Zäune, die die Nachfolger von Simon Petrus um die kirchliche Ordnung gezogen haben, um die Gegenwart Gottes in dieser Kirche einzuhegen, noch einmal überwinden? Fände sie genügend Menschen, die ihr glauben würden?

Wenn ein Papst oder ein Bischof heute eine für ihn ähnlich ungeheuerliche Vision hätte wie Simon Petrus damals, wäre es vielleicht eine riesige Gruppe queerer Paare, und die Stimme vom Himmel würde sagen: Segne! Und es wäre eine riesige Gruppe Frauen aller Kontinente, und die Stimme würde sagen: Spende ihnen die Weihe! Und wenn der Papst sich weigern würde, würde die Stimme sagen: Wer bist du, dass du Gott hindern könntest?

Heute Teil der Kirche sein

Nervende alte Frauen
(Lk 18,1–8)

Er gab ihnen einen Vergleich dafür, wie notwendig es ist, allezeit zu beten und nicht müde zu werden. Er sagte: „In einer Stadt lebte ein Richter, der weder Gott fürchtete noch einen Menschen achtete. Auch eine Witwe lebte in jener Stadt; die kam immer wieder zu ihm und sagte: ‚Verschaffe mir Recht gegenüber meinem Gegner'! Eine Zeit lang wollte der Richter nicht. Dann aber sagte er sich: ‚Wenn ich auch Gott nicht fürchte und keinen Menschen achte, werde ich doch dieser Witwe Recht verschaffen, weil sie mich belästigt; sonst kommt sie noch am Ende und schlägt mich ins Gesicht.' Da sagte er mit großer Autorität: „Hört, was der ungerechte Richter sagt. Aber Gott sollte den Auserwählten, die Tag und Nacht zu Gott schreien, kein Recht schaffen und für sie keinen langen Atem haben? Ich sage euch: Gott wird ihnen Recht schaffen in kurzer Zeit! Wird der Mensch nun bei seinem Kommen Glaubenstreue finden auf der Erde?"

Ältere Frauen werden nicht nur in der katholischen Kirche diskriminiert – aber dort eben spezifisch katholisch, mit einer Mischung aus Sexismus und Altersdiskriminierung. Das Phänomen, dass ältere Frauen quasi unsichtbar werden, gibt es auch in der Kirche, und das, obwohl die – noch – treueste Gottesdienstgemeinde aus älteren Frauen gebildet wird. Maria wird standardmäßig jung dargestellt, egal ob als gerade erst Mutter gewordene Frau oder als Pietà. Auch Maria von Magdala wird jung dargestellt, ebenso wie Eva, wo sie denn dargestellt wird – kein Wunder, werden beide doch mit der angeblichen Sündhaftigkeit körperlicher Sinnlichkeit verbunden, und wird landläufig doch körperliche Sinnlichkeit bei Frauen mit Jugendlichkeit gleichgesetzt, auch wenn die Erfahrung sehr vieler Frauen eine andere ist.

Frauen, die nicht mehr ganz jung sind, gelten oft als anstrengend: sei es, weil sie sich sicherer sind, wer sie sind und was sie können, oder sei es, weil sie so viele Diskriminierungserfahrungen gemacht haben, dass sie sehr genau wissen, warum sie Feministinnen sind, und eine gut genährte Wut auf frauendiskriminierende Strukturen entwickelt haben. Natürlich ist das eine Verallgemeinerung, und natürlich gibt es andere individuelle Erfahrungen von Menschen jeden Alters, aber als ganz grober Holzschnitt mag es taugen: Ältere Frauen setzen weniger darauf, dass sie anderen – insbesondere Männern – gefallen, und setzen sich umso mehr für ihr Recht ein.

Und so eine wütende ältere Frau stellt Jesus hier als Vorbild für die Gottesgläubigen vor, eine von den Strukturen der Gesellschaft massiv diskriminierte Frau, die auf die Gerechtigkeit des Richters angewiesen ist, der als korrupter Rechtsbeuger als ein Gegenbild Gottes dargestellt wird. Und nur, weil die Frau, der kein Ehemann mehr einen Rechtsstatus gibt, so nervt, erhält sie von ihm ihr Recht: Wie viel mehr wird dann Gott, die doch die Gerechtigkeit selbst ist, denen Recht verschaffen, die sie anrufen.

Jesus findet offenbar, dass eine anstrengende Frau ein gutes Vorbild ist. Ich finde das gut. Und wenn ich mir diesen Menschen zum Vorbild nehme, der so gerne Geschichten erzählt, dann drängt sich mir eine Geschichte auf: von Frauen, die in ihrer Kirche keinen gerechten Status haben, sondern die aufgrund ihres Geschlechts diskriminiert werden, weil es Männern gelegen kommt, dass sie das als Willen Jesu ausgeben können. Diese Frauen werden seit einiger Zeit richtig anstrengend. Sie sind laut, sie sind energisch, und sie lassen sich nicht mehr auf klerikale Vertröstungen ein. Sie treten für ihr Recht ein, weil ihr Recht in den Händen des von Männern verfassten Kirchenrechts offenbar nicht in guten Händen ist. Und natürlich gibt es auch viele junge Frauen, die ebenso laut und anstrengend sind – aber es war der Zorn der älteren, der am Anfang stand, und das mit Grund. Diese Altersfrage ist übrigens kein Argument, die Frauensolidarität zu untergraben. Im Gegenteil enthält der Verweis darauf, dass „nur" die älteren aufbegehren würden, eine weitere Abwertung von Frauen – und Feministinnen jeden Alters lassen sich nicht mehr im Wettlauf um die Gunst der Männer gegeneinander aufbringen. Innerhalb der Kirche sind es demgegenüber gerade ältere Männer, die das Sagen haben. Warum sollte der Hinweis auf das Alter von aufbegehrenden Frauen ihr Anliegen irgendwie verharmlosen können?

Noch ist die Geschichte nicht zu Ende erzählt. Noch gehen sie den Männern nur auf die Nerven, aber noch haben die keine Eile: Noch gibt es genügend Umfeld, in dem sie gut angesehen sind, egal wie ungerecht das von ihnen vertretene System ist. Aber ich stelle mir vor, dass das kippen wird. Dass sie irgendwann sagen werden: Wir sind zwar nicht überzeugt, dass das wirklich nötig ist, weil wir es nicht für nötig halten, uns in die Frauen hineinzuversetzen. Aber bevor uns alles Ansehen schwindet, werden wir ihnen Recht verschaffen, damit sie endlich Ruhe geben. Wird Jesus, wenn er diese Kirche ansicht, die aus seiner Bewegung hervorgegangen ist, Treue zu seiner Botschaft in ihr finden?

Der Messias, der Gekreuzigte II

Achtung, dieses Kapitel thematisiert sexuelle Gewalt.

Jedes Jahr hören katholische Gottesdienstbesucher*-innen die Passion, am Palmsonntag und am Karfreitag. Wir nennen das Geschehen „Passion“ oder „Leiden unseres Herrn Jesus Christus“. Schon durch diese Wortwahl bilden wir damit einen Rahmen um die Geschichte, der besagt: Das ist eine andere Welt, eine andere Zeit, eine andere Sprache. Wir sagen zwar oft, dass Jesus alle menschlichen Leiden geteilt hat, aber wir wählen eine Sprache, die das Ganze auf Distanz hält. Was wäre „Folterfreitag“ auch für ein unerträgliches Wort. (Das ist einer von mehreren Gründen, warum ich glaube, dass der Karfreitag nichts für Kinder ist.)

Wieder hören wir die Passion, die Überlieferung davon, wie Jesus zu Tode gefoltert wurde, und sie ist lang. Und doch ist sie bei aller Länge sparsam in den Einzelheiten. Ihre ersten Hörer*innen brauchten diese Einzelheiten nicht zu hören, sie kannten sie ja. Kreuzigung war eine der Methoden der systematischen Folter, mit der eine ganze Bevölkerung unterworfen wurde, so wie systematische Folter das auch in unserer Zeit tat und tut, wie in Ecuador und Chile, in Vietnam und Guatemala, in Bosnien und wie aktuell im Kongo, im Iran und in der Ukraine.

Und spätestens diese letzten vier Nennungen bringen uns auf eine unheimliche Spur. Sexuelle Gewalt ist eine Form von Folter. Die Evangelien erzählen in wenigen Worten davon: Nackt ausgezogen, geschlagen, gedemütigt, verspottet. Und später auch noch nackt hingerichtet. Das ist sexuelle Gewalt. Jesus wurde Opfer sexueller Gewalt.

Wenn dieser Gedanke einmal gedacht ist, dann tauchen weitere auf: Wenn Josephus von Vergewaltigungen als Normalität im Zusammenhang mit einer Kreuzigung schreibt – wenn man sich bewusst macht, welche kulturellen Tabus schon damit gebrochen wurden, dass Jesusgläubige überhaupt benannten, dass sie zu einem Gekreuzigten gehörten, an einen Gekreuzigten als Messias glaubten – wenn man sich dann bewusst macht, dass diese kulturellen Tabus es unmöglich machten, in dieser Erzählung ins Detail zu gehen, gar ins sexuelle – wenn man sich vorstellt, dass Jesus einer gewaltgeprägten Männergruppe überlassen wurde, der es erlaubt war, ihr Opfer zu quälen, wie es ihr gefiel, und die keinerlei Konsequenzen fürchten musste ... Alle diese Gedanken führen zu der Frage: Was hätte diese gewaltbereite Männergruppe davon abhalten sollen, ihr Opfer zu vergewaltigen? Warum auch nicht? Es ging, es machte ihnen Spaß, sie konnten als Gruppe ihr Opfer demütigen und dabei schon allein aus Gründen der Gruppendynamik immer noch ein Stück weiter gehen, als sie jeweils alleine gegangen wären ... Man braucht nicht besonders weit zu denken, um zu den sogenannten Konfliktherden unserer Welt zu kommen, wo das gleiche geschieht, meistens Frauen, aber immer wieder und besonders da, wo systematisch gefoltert wird, auch Männern.

Und dann weitergedacht zum Skandal der sexuellen Gewalt in der Kirche: Welch monströser Verrat. Wenn Christus in dieser Kirche noch anwesend ist, dann bei den Opfern sexueller Gewalt, denn er ist einer von ihnen.

Die ritualisierte Benennung von Gewalt in jeder Messfeier und besonders in der Karwoche mag zu gewaltvollen religiösen Mustern beitragen – die Vorstellung von Gott, der dieses Menschenopfer braucht, um vergeben zu können, bezeugt es. Andererseits muss Gewalt benennbar werden, damit ihren Opfern nicht auch noch das schamvolle Verschweigen auferlegt wird. Benennung, die die Opfer ins Recht setzt und sagbar macht, was ihnen geschehen ist – in den sprachlichen Grenzen, die für sie aushaltbar sind –, ist ein Schritt, sich wieder aufzurichten, sich wieder sich selbst anzueignen.

Was tun also nun mit den Texten der Passion, die manches andeuten, vieles beschweigen, die versuchen, mit dem Schrecken der Gewalt und der Rechtlosigkeit umzugehen? Dosiert an sich heranlassen im Wissen, dass es eine Dosierung ist, das könnte ein Weg sein. Miteinander sprechen über erlittene Gewalt. Wirklich ein sicherer Ort werden. Und an der Hoffnung festhalten, dass die Gewalt nicht das letzte Wort hat.

Der leidende Leib Christi (1 Kor 12,12–13.24–27)

Denn wie der Körper eine Einheit ist und doch viele Teile hat, alle Teile des Körpers also die Einheit des Körpers ausmachen, so verhält es sich auch mit Christus. Wir alle sind durch den einen Geist zu einer leiblichen Einheit getauft worden ... Gott hat den Körper zusammengefügt und gab dem niedrig gehaltenen Teil umso größere Ehre, damit der Körper nicht von einer Grenze durchzogen wird, sondern die Glieder sich gemeinsam umeinander sorgen. Und wenn ein Körperteil leidet, leiden alle anderen mit; wenn ein Körperteil geehrt wird, freuen sich die anderen alle mit. Ihr seid der Leib Christi und – einzeln genommen – Angehörige Christi.

Wenn am Leib Christi ein Teil leidet, leiden alle anderen mit. So sollte es sein.

Aber der Leib Christi besteht auch aus Kindern – und wenn diesen Kindern Gewalt angetan wird, die sie ein Leben lang quält, dann leiden nicht alle mit. Dann leiden ausgerechnet die Menschen nicht mit, die ihre Machtausübung als Dienst beschreiben.

Der Leib Christ besteht auch aus Frauen – und wenn diese Frauen diskriminiert werden, dann leiden nicht alle mit. Dann leiden die nicht mit, die behaupten, da wäre gar keine Diskriminierung, weil es schon immer so gewesen sei.

Der Leib Christi besteht aus Menschen, die nicht in die heteronormative Ordnung passen. Wenn diese

Menschen verletzt werden, dann leiden nicht alle mit. Dann leiden die nicht mit, die die Norm für gottgegeben halten und nicht die Menschen, deren Vielfalt doch Gottes Schönheit ist.

Im Leib Christi haben alle die gleiche Würde. Aber wenn vernichtende sexuelle Gewalt nicht geahndet wird, sondern in Kauf genommen, vertuscht, überhaupt nicht begriffen wird, dann wird der Leib Christi mit Füßen getreten. Wenn „gleiche Würde" nicht auch „gleiche Rechte" heißt, dann wird aus der Würde ein hohles Wort. Und wenn Menschen verachtet werden für das, was sie sind, dann wird Gott verachtet.

Diese Lesung verlangt Mut zur Wahrhaftigkeit. Kann man sie überhaupt noch vortragen?

Angstrosen-Hecken

Wenn innerkirchlich die Rede davon ist, man wolle ohne Angst miteinander sprechen, angstfrei gar, und natürlich auf Augenhöhe, dann klingt das allzu oft wie das Pfeifen im Walde – ist doch so wahnsinnig viel Angst im System. Warum eigentlich? Angst ist eine schlechte Voraussetzung für Augenhöhe, verhindert sie doch den offenen, freien Blick. Die Angst checkt die Umgebung nach Gefahren ab, sie hält das Gegenüber nicht aus Gründen der Freude an der Begegnung im Blick, sondern sie lauert auf die Anzeichen von Gefahr. Aber bevor der Eindruck einer Umkehrung der Verhältnisse entsteht: Die Verantwortung für Angst im System liegt bei denen, die Angst machen, nicht bei denen, die Angst haben –

auch wenn genügend Menschen auf beiden Seiten zugleich zu finden sind. Angst kommt aus dem Gefühl, ausgeliefert zu sein, nicht wehrhaft zu sein, keinen Einfluss auf das eigene Geschick zu haben. Angst kommt aus der Erfahrung, dass Unheil unberechenbar über das eigene Leben hereinbricht. Angst kommt aus dem Bewusstsein, nicht wertgeschätzt und nicht vor Ungerechtigkeit geschützt zu werden. Alles das entsteht nicht von allein, sondern es hat Ursachen und Verursacher. Angst gedeiht auf dem Boden der Intransparenz, sie klettert hoch an Mauern der Diskriminierung, ihre Rankhilfen sind Doppelbotschaften, Missachtung und Willkür. Wo Zäune des Misstrauens die Gemeinschaft zugleich untereinander trennen und gegenüber der Außenwelt zusammenhalten sollen, da gedeihen ganze Angstrosen-Hecken. Sie überwuchern die zarten Pflänzchen Vertrauen und Zuversicht, schnüren dem warmen Gefühl der Verbundenheit die Luft ab und machen es wirklich schwer, noch zum Wort von Vertrauen und Freiheit vorzudringen, das doch einmal der Anfang von allem war. Ich glaube, vielen Leser*innen fallen an dieser Stelle viel zu viele Beispiele ein für diesen Verlust, für dieses Gefühl, dass da kein Glaube mehr lebt und Vertrauen erst recht nicht. Sollte der Kirchhof unüberwindlich zugewuchert sein und bleiben, dann wird das Wort von Vertrauen und Freiheit andere Nährböden suchen, es wird anderswo Wurzeln schlagen, denn es ist nicht ausrottbar aus dieser Welt, die doch Gottes Welt ist, und nicht zum Schweigen zu bringen in den Menschen, die doch in dieser Welt zu Hause sind. Aber schade wäre es, schade um so viel

Verbundenheit durch die Zeiten hindurch und über die Erde hin.

Aber: Angstrosen-Hecken haben da keine Chance mehr, wo die Ahnung der Gottesgegenwart einen unauslöschlichen Funken entzündet. Er verhindert nicht jeden Auswuchs der Angstrosen-Dornen, nicht jede Verletzung durch sie, erweist sich aber letztlich als ihnen gegenüber resistent. Er wird genährt von Musik, von Gesten der Anerkennung und vom Bewusstsein der Unverfügbarkeit. Seine Nahrung ist nicht unbedingt eine Gewissheit, aber bestimmt eine Hoffnung, und sei sie noch so gebrochen. Angstrosen-Hecken gedeihen umso schlechter, auf je weniger Macht-Fundamente sie sich stützen können. Der Verlust der Kirche an gesellschaftlicher Macht ist darum eine Chance, den zarten Pflänzchen Vertrauen und Zuversicht mehr Raum zu verschaffen. Das wäre ein guter Anfang: Heckenscheren gegen die Angstrosen, und Verbundenheit statt Misstrauens-Zäunen.

Karsamstagskirche

Am Karsamstag geht nichts mehr. Die Hoffnung ist an ihr Ende gekommen, und die Erklärungen, warum die Dinge sind, wie sie sind, tragen nicht mehr. Es gibt nichts mehr zu tun, nichts mehr zu sagen, außer die Ruhe des Schabbat zu halten, denn Gott bleibt, bleibt hinter allem.

Wir sind eine Karsamstags-Kirche geworden. Die Worte des Glaubens wachsen nicht mehr, sie dürfen nicht mehr wachsen, denn unbeweglich wie ein Stein vor der Grabhöhle winden sich die engen Ketten der

Kirchendisziplin um sie herum, um sie zu schützen und zu erhalten. Die Autorität behält das letzte Wort. Die so geschützten Worte tragen nicht mehr über den Abgrund, dass Jesu Botschaft so verzerrt werden konnte – bis zum ultimativen Verrat, dass seine Nachfolger Kinder und andere verletzliche Menschen zutiefst verwundet haben und ihre Vorgesetzten das dann auch noch in seinem Namen vertuscht haben.

Die Karsamstags-Kirche ist am Ende, die Kirche, die sich nicht ändern will, die glaubt, keine Vollmacht dazu zu haben, die Gott selbst zum Zeugen nimmt für den Fortbestand ihrer eigenen ungerechten Strukturen. Ihre Hülle besteht noch, aber das Leben ist aus ihr ausgezogen. Die Karsamstags-Kirche bewacht das Grab, nicht die Gemeinschaft mit dem Auferstandenen. Sie bewahrt die Formen, aber sie spricht nur noch in Schattenbildern von Licht und Leben, und es klingt nicht, als würde sie glauben, was sie sagt. Vielleicht darf sie gar nichts mehr spüren, weil sie dann auch das unerträgliche Ausmaß ihres Verrats spüren würde.

Wenn das Grab leer ist, wo ist er dann? Er wird nicht mehr hier sein. Er ist bei denen, denen Gewalt angetan wurde, denn er ist einer von ihnen. Er wird den Frauen begegnen, den Frauen, denen die Botschaft von seinem Leben zuerst anvertraut war und die sie jetzt nicht mehr verkünden dürfen, nicht, wenn es um die Feier seiner Gegenwart im Teilen des Brotes geht. Er wird den Frauen begegnen, von denen es in seinem Namen heißt, man könnte ihn in ihren Gesten und Worten nicht erkennen.

Ich glaube, dass Gottes Leben stärker ist und dass da, wo wir am Ende sind, Gottes Leben erst beginnt:

Ich glaube, dass Gott die gigantische Lebendigkeit ist, die an den leblosesten Orten noch hervorbrechen kann. Ich glaube, dass vor dieser Lebendigkeit letztlich alles verglühen wird, was wir an Hüllen um sie herum aufgebaut haben, weil sie zu unberechenbar ist, zu gewaltig, zu wenig beherrschbar. Ich glaube, dass Gott nicht nur das erste, sondern auch das letzte Wort sein wird, und dass es ein Gesang sein wird.

Aber ich bin nicht sicher, ob die Karsamstags-Kirche noch in der Lage sein wird, mit so viel Leben zurechtzukommen. Sie bräuchte die Frauen dazu, die sich nicht beirren lassen von ihrer kühlen Zurückweisung. Sie bräuchte die Frauen, die ihrer Sehnsucht und ihrer Liebe nachgehen und etwas davon erfahren, dass Gottes Weite tatsächlich ohne Grenzen ist. Sie bräuchte die Frauen, die ihr diese Botschaft zurückbringen, und sie müsste bereit sein, diesen Frauen zuzuhören.

Ohne die Frauen bleibt die Kirche eine Karsamstags-Kirche.

Ein Lied, leise zu singen
(Joh 20,19–23)

Am Abend dieses ersten Tages nach dem Sabbat, als die Jüngerinnen und Jünger hinter geschlossenen Türen saßen aus Angst vor der jüdischen Obrigkeit, da kam Jesus, trat in ihre Mitte und sagte zu ihnen: „Friede sei mit euch!" Als er das gesagt hatte, zeigte er ihnen die Hände und die Seite. Da freuten sich die Jüngerinnen und Jünger, dass sie Jesus den Lebendigen sahen. Jesus sagte noch einmal zu ihnen: „Friede sei mit euch! Wie mich Gott gesandt hat, so sende ich euch."

Und als er das gesagt hatte, blies er sie an und sagte ihnen: „Nehmt die heilige Geistkraft auf. Allen, denen ihr Unrecht vergebt, ist es vergeben. Allen, denen ihr dies verweigert, bleibt es."

Christ ist erstanden // von der Marter alle // Des solln wir alle froh sein // Christ will unser Trost sein – Kyrieleis. Tastend und zart kommt dieses alte Osterlied daher, ein Lied, in dem der erlittene Schrecken noch nachklingt, das mehr fragt als behauptet und das in aller Gebrochenheit doch den Horizont öffnet – weiter zu sehen und weiter zu hoffen, weiter als alles, was die Gewalt vermag. Es weiß darum, dass die Freude sich nur zaghaft einstellt und dass das Leid durch Ostern nicht in ein einfaches Alles-wieder-Gut aufgehoben wird. Sehr weit weg ist es von dem unerschrockenen Triumphalismus, der das Leid übergeht und der den Schmerz und die Angst, die Trauer und das Entsetzen in Dur-Akkorde ohne Tiefe auflösen will, wenn er den auferstandenen Helden besingt.

Christ ist erstanden // von der Marter alle: Ein zartes Lied, das auch zu Kriegszeiten noch singbar ist, gerade weil es sich zur Hoffnung vortastet, anstatt sie vor sich her zu tragen.

Eine Kirche, die dieses Lied weitersingt, sie weiß um die Abgründigkeit der Gewalterfahrung. Und umgekehrt: Eine Kirche, deren Hoffnung nur bis zum frühen brausenden Triumph reicht und nicht bis in die bleibende Erfahrung des Schweigens Gottes hinein, die steht permanent in der Versuchung, unempfindlich zu werden und die Leiderfahrung der Rechtgläubigkeit zu opfern. Diese Kirche opfert dann die

Integrität der Betroffenen von Missbrauch und Gewalt dem Schutz der Institution, sie opfert deren Glaubwürdigkeit dem guten Ansehen, und sie opfert deren Anspruch auf Anerkennung einem vorschnellen Vergebungsdruck.

Zur Kirche, zu ihrer DNA gar, wie Bischof Wilmer 2018 pointiert formuliert hat, gehört beides. Das leise Osterlied mit seiner gebrochenen Hoffnung wie auch der laute Triumph, der so schnell in Machtmissbrauch kippt, und der darum immer eine Gefahr für die Kirche darstellt, die leise Hoffnung zu verfehlen.

Eine intime, leise Erfahrung ist auch die, von der das Sonntagsevangelium aus dem 20. Kapitel des Johannesevangeliums erzählt: Der Auferstandene haucht seine Freundinnen und Freunde an und deutet dies zugleich aus mit dem Wort „Empfangt die heilige Geistkraft" – es ist dieselbe Geistkraft, die zu Beginn des ersten Schöpfungsgedichts über den Wassern wehte und die in der zweiten Schöpfungserzählung den Erdling lebendig macht. Wer Gottes rettender Macht durch die Erfahrung der Todesverzweiflung hindurch vertraut, hat Teil an einer neuen Schöpfung. Und auch das ist dann kein Alles-wieder-Gut, sondern die tragende Erfahrung einer unauslotbaren Güte, einer Verbundenheit mit der Kraft des Lebens, im Leid wie im Heilsein, die tiefer reicht als jede Zerstörung, die Menschen anrichten können.

Vor dem Hintergrund, dass Sündenvergebung auch im Johannesevangelium immer Gottes Sache ist und Taufe, Geistempfang und Sündenvergebung hier drei Gestalten dieser einen Erfahrung des Gerettetseins sind, lassen sich auch die anschließenden Sätze lesen: „Wen ihr aus der Sündenverstrickung herausholt – weil ihr sie oder ihn in Kontakt mit dem Osterglauben bringt –, die oder der wird daraus erlöst. Wen ihr in dieser Verstrickung belasst, sie oder er bleibt darin."

In einer Kirche, die sowohl die Komplexität des Johannesevangeliums und seine ausgefeilte Rhetorik als auch sein Weltbild immer weniger mitlesen konnte, wurde dieser Auftrag zur Sündenvergebung auf das Priesteramt hin enggeführt. Und die Möglichkeit, im Bereich der Sünde und des Todes zu verbleiben – bei Johannes sind beide deckungsgleich –, erschien dann nicht mehr als Konsequenz einer Abkapselung der Gemeinde von ihrer Umwelt, sondern wurde in Verbindung mit einem moralisierenden Sündenbegriff zum Machtinstrument über die Gewissen.

Und doch ist es nicht dem Evangelium anzulasten, wie es gelesen wird. Der Machtmissbrauch, er scheint mir nicht in der ursprünglichen DNA der Kirche angelegt zu sein, sondern in den Bereich der Epigenetik zu gehören: Eine, grob gesagt, durch Geschichte erworbene Anpassung der Erscheinungsweise eines Lebewesens, die nicht in der DNA selbst codiert, aber dennoch erblich ist.

Machtmissbrauch gehört in die Epigenese des Christentums und seiner Eingliederung in eine patriarchal organisierte Gesellschaft, tragischerweise gerade obwohl die Ursprungsgestalt des christlichen Glaubens selber patriarchalem Machtmissbrauch zum Opfer gefallen war. In diesem Bild ist aber Lernen noch möglich. Gerade aus der Ostererfahrung der Verbundenheit über Abgründe hinweg darf kein Zwang erwachsen. Ich bin froh über jede Kirche, die die leisen Lieder singt: Des solln wir alle froh sein // Christ will unser Trost sein – Kyrieleis.

Eine Antwort, leise zu geben
(Joh 21,15–17)

Als sie gefrühstückt hatten, sagte Jesus zu Simon Petrus: „Simon, Sohn des Johannes, liebst du mich mehr als die anderen?" Er sagte zu ihm: „Ja, Rabbi, du weißt, dass ich dich liebe." Er sagte zu ihm: „Hüte meine Lämmer!" Noch einmal sagte er zu ihm: „Simon, Sohn des Johannes, liebst du mich?" Er sagte zu ihm: „Ja, Rabbi, du weißt, dass ich dich liebe." Er sagte zu ihm: „Weide meine Schafe!" Er sagte zum drittenmal zu ihm: „Simon, Sohn des Johannes, liebst du mich?" Petrus war traurig, dass er ihn zum drittenmal fragte: „Liebst du mich?" Er sagte zu ihm: „Rabbi, du weißt alles, du weißt, dass ich dich liebe." Jesus sagte zu ihm: „Hüte meine Schafe!"

Nachdenklicher als auch sonst schon war Ostern 2022 in den sozialen Netzwerken, weniger laut die Osterfreude angesichts des Krieges in der Ukraine. Ein passender, wenig triumphaler Text führt diese Linie am zweiten Sonntag nach Ostern weiter, eine diffizile Unterhaltung auf einem schmalen Grat.

Liebst du mich?, fragt der Auferstandene Petrus nach dem so einfachen wie festlichen Frühstück im Morgenlicht am See. *Agapas-me?*, lautet die Frage im Griechischen, eine Frage nach einer Willensbekundung: Liebst du mich, mehr als die anderen es tun – wählst du mich, entscheidest du dich für mich?

Und Petrus, der mit den vollmundigen Versprechungen lange vor dem Hahnenschrei – „Ich werde mein Leben für dich geben!" –, Petrus, der Selbstgewisse, er ist kleinlaut geworden: *Philo-se*, ich liebe dich, ich mag dich so gerne, du bist mein geliebter Mensch. Viel Gefühl und wenig feste Versprechen also, viel Gefühl und doch der Blick in die eigenen Abgründe, die großen Versprechen nicht halten zu können. Füttere meine Lämmer, lautet die Antwort. Fang mit dem Kleinsten, dem Einfachsten, aber auch dem Zerbrechlichsten an. Lämmer werden nicht alleine gehütet, sie haben ja ihr Mutterschaf, und das weiß schon, wo es lang will, und nährt seine Kleinen. Sie brauchen von Petrus also nicht viel: Nur einen guten Platz, wo die Mutterschafe grasen und die Jungen säugen können.

Und dann zum zweiten Mal die Frage des Auferstandenen – und es kann schwerfallen, hier nicht das peinigende Ausfragen eines ertappten Kindes durch Erwachsene zu hören: Liebst du mich, entscheidest du dich für mich? Von „mehr als die anderen" ist hier schon keine Rede mehr. Und wieder bleibt Petrus bei seinen Grenzen: Ich liebe dich, Du bist mein Lieblingsmensch. Und die Antwort: Hüte meine Schafe, kümmere dich als ein Hirte um die Herde als Ganze!

Beim dritten Mal fragt der Auferstandene schließlich auch auf der Gefühlsebene: *Phileus-me*, liebst du mich, empfindest du Liebe für mich, bin ich dein Geliebter? Und die Trauer des Petrus, dass diese große Entscheidung, die er nicht hat treffen können, nun nicht mehr von ihm verlangt wird, sie lässt ihn sagen: Du weißt alles, du erkennst, dass ich dich gern habe. Worauf der Auferstandene seine vorherigen Aufforderungen kombiniert zu: Füttere meine Schafe. Sorge dich um die Einzelnen, Kleine wie Große, um Nahrung und Wohlergehen, die Sorge für das große Ganze aber bürde ich dir nicht auf.

Natürlich ist das Literatur. Und niemand weiß, was genau den Evangelisten bewogen hat, so zu formulieren, und warum aus dem Fischer, der gerade den Fang seines Lebens gemacht hat, nun ein Hirte werden soll, wenn auch nur ein kleiner. Augustinus schloss, es müsse sich bei den beiden Verben *agapao* und *phileo* um bloße Synonyme handeln, aber vielleicht hatte Augustinus nach den Prügeln seines Griechischlehrers einfach kein scharfes Gehör mehr für die Feinheiten des Textes.

Ein solch feines Gehör braucht es aber, damals wie heute. Ein Gehör für die Zwischentöne, mit dem man auch hören kann, wie sich Sprachen allmählich annähern. Weder ist die erste Antwort das Ende allen Gesprächs, noch ist die bohrende Frage Grund für einen Bruch. Ein Misstrauen den großen, schnellen Gewissheiten gegenüber stellt sich ein, und eine Ahnung, wie schwer es ist, trotz der Trauer, der Selbstvorwürfe und der Minderwertigkeitsgefühle im Kontakt und beim Gefühl zu bleiben: Ich habe dich so gerne. Kann man darauf bauen? Da Johannes Petrus hier nicht als Kephas, den Fels, betitelt, kann man daran zweifeln. Aber dem Gefühl kann man trauen, und davon hat Petrus jede Menge. Zwar erreicht die Unterhaltung nicht die Tiefe, mit der Maria von Magdala den geliebten Menschen als Auferstandenen erkannte, allein aus dem Klang ihres Namens in seiner Stimme. Aber sie sagt uns in ihrer Ehrlichkeit auch heute noch: Es ist ok, keine Antwort für das große Ganze zu haben – bzw. es ist besser, das zuzugeben und nicht eine Gewissheit zu behaupten, die doch nur zu Verrat führt. Angesichts dieses Evangeliums klingen kirchliche Eindeutigkeits- und Unfehlbarkeitsansprüche zu gell. Unüberhörbar wird das bei den furchtlosen Kriegspredigten des Moskauer Patriarchen, aber ein Freispruch für alle anderen, die beanspruchen, im Namen des Auferstandenen zu sprechen, ist das nicht. Das wäre ein gutes Bild für eine Kirche, gerade angesichts der von Missbrauch gerissenen Lämmer: Lämmer pflegen (vorher fragen!) statt zu beanspruchen, die Herde zu leiten, die doch in Gottes Händen ist. Ehrliche, leise, suchende Antworten geben, statt laut zu behaupten, was offenbar erwartet wird. Das wären dann wohl ehrliche Ostern.

Nur noch hohle Worte?
(Joh 17,1–11)

Dies sagte Jesus. Dann blickte er auf zum Himmel und sagte: „Du, Gott, hast mich erwählt und die Zeit ist gekommen. Lass den göttlichen Glanz deines Erwählten erstrahlen, damit dein Erwählter dich erstrahlen lässt, genauso wie du ihm Macht über alle Geschöpfe gegeben hast, damit er allen, die du ihm gegeben hast, ewiges Leben gebe. Dies aber ist das ewige Leben: Dass sie dich, den allein wahren Gott, und Jesus, den Messias, den du gesandt hast, erkennen. Ich habe deinen Glanz auf der Erde leuchten lassen, indem ich das Werk vollendet habe, das du mir zu tun aufgetragen hast. Und jetzt, Gott, lass mich bei dir strahlen in dem Glanz, den ich bei dir hatte, bevor die Welt existierte.

Ich habe deinen Namen den Menschen offenbart, die du

mir aus der Welt gegeben hast. Sie waren dein und du hast sie mir gegeben und sie haben dein Wort beachtet. Jetzt haben sie erkannt, dass alles, was du mir gegeben hast, von dir ist. Denn die Worte, die du mir gegeben hast, habe ich ihnen weitergegeben. Und sie haben sie aufgenommen und wahrhaft erkannt, dass ich von dir ausgegangen bin, und sie sind zum Glauben gelangt, dass du mich gesandt hast. Ich bitte für sie. Ich bitte nicht für die Welt, sondern für die, die du mir gegeben hast, denn sie sind dein. Alles, was mein ist, ist dein, und was dein ist, ist mein. Und mein göttlicher Glanz strahlt in ihnen. Ich bin nicht mehr in der Welt, aber sie sind in der Welt und ich gehe zu dir. Heiliger Gott, halte und bewahre du sie in deinem Namen, den du mir gegeben hast, damit sie eins sind wie auch wir.“

Ach, Johannes, wenn du wüsstest, was aus deinen kunstvollen Hymnen geworden ist, den immer neuen Anläufen, ins Wort zu bringen, was sich da grundstürzend ins Leben geschrieben hat. Wenn du wüsstest, wie wenig das heute noch klingt, was du als Gebet Jesu gestaltet hast, der Gottes Glanz auf der Erde leuchten ließ – aber die Augen waren ihnen gehalten, und sie erkannten den Glanz im Elend, die Treue Gottes im Sterben der Verworfenen, das Leben im Tod nur allmählich, die Frauen zuerst und am innigsten, die Männer dann langsam und zögernd, denn sie hielten, was für ein Kleinglaube, das Wort der Frauen für Weibergeschwätz. Was du als Gebet Jesu geschrieben hast, Johannes, findet immer neue Wendungen für das eine, eigentlich ganz einfache: Verbundenheit. Dein Name, lässt du Jesus sagen, dein Name, den du mir gegeben hast: Pure Gegenwart. Das Wort Gottes, das die Welt ins Dasein gerufen hat, es will die Menschen und alles Leben als seinen Resonanzraum, denn unser Leben ist aus dem Wort Gottes gewebt, aus dem Wort, das alles gut machen kann: Du sollst sein. Ich bin da. Sie gehören dir, lässt du Jesus darum sagen, und dein göttlicher Glanz strahlt in ihnen.

Ach Johannes, wenn du wüsstest, wie tonlos diese Worte geworden sind, wo ihnen nun so viel Resonanzraum fehlt, so viele Begabungen auch. Wie hohl sie klingen, wenn da Menschen, die doch von göttlichem Glanz strahlen können sollten, so verletzt und missachtet werden von Menschen der Gewalt, von ihren Vertuschungen und Lügen, Abgründen bis in die höchsten Verantwortungsebenen dieser Kirche hinein. Wie hohl sie klingen in der Unempfindlichkeit gegen den Schmerz anderer, in als Ohnmacht verkleideter Mutlosigkeit, in hilflosem Verharren im Schauen auf die Autorität, die das letzte Wort haben soll. Sind die Worte, die einmal so intensiv klangen, noch mehr als ein leeres Echo?

Wenn es um den heiligen Namen Gottes geht, dann kann das Wort nicht seinen Glanz verlieren, denn Gott-die-Ewige ist treu. Vielleicht ist aber dieser unser Resonanzraum für dein Evangelium, Johannes, zu brüchig geworden, und das Wort zieht aus, es nimmt anderswo Wohnung, es nistet sich ein in den Hoffnungen derer, die immer wieder für eine gerechtere Welt aufstehen, die der Gewalt und der Lüge nicht das letzte Wort lassen wollen, die alles versuchen, was ihnen möglich ist für ein gutes Leben auch der kommenden Generationen auf dieser Erde. Vielleicht ist es Aufgabe derer, die heute in der Kirche gerufen sind, es suchen zu gehen, in Demut und Offenheit neu buchstabieren zu lernen, was es heute heißen könnte, göttlichen Glanz in anderen aufstrahlen zu lassen. Vielleicht lässt es sich neu lernen, wenn die, die heute in der Kirche gerufen sind, sich einlassen auf diese Gegenwart, in der Gottes überschäumende Geistkraft wirkt, und auf die so unfassbar schwere Schuld in dieser Kirche auch, und ihre Verantwortung tragen lernen. Vielleicht klingt es dann wieder nach Leben und Hoffnung, wenn wir dein Evangelium lesen, Johannes, deinem Suchen nachgehen und das so einfache neu entdecken, was du immer neu umkreist hast: heilige Verbundenheit, und hinter allem Gottes Schweigen, in dem alle Worte ihr Ziel finden und wir aufgehoben sind für immer.

Midrasch über den Kölner Dom

Ursprünglich für das Dreikönigsfest der Karl-Rahner-Akademie in Köln geschrieben, bildet dieser Text jetzt den Abschluss des Kapitels „Das Wort-von-Jesus in der Kirche" – was immer auch bleibt, es bleibt zumindest eine Frage, wie das wohl ist mit Gott und der Kirche, und wo könnte man solche Fragen besser verorten als im Kölner Dom, gebaut ursprünglich als Kathedrale, die der Skelette der Heiligen Drei Könige würdig sein sollte.

Und dann steh ich vor dem Dom und lege den Kopf in den Nacken, Steine über Steine, so viel Mühe, so mächtig, so groß, so groß, so groß. Für welche Art Gott ist das ein Dom, niemand muss sich bücken, um hineinzukommen, hoch hoch hoch das Portal, klein und schwarz-rot die Männer davor, keine Rucksäcke, Männer Mützen abnehmen, nichts essen, das ist das

Haus Gottes. Haus Gottes mitten in Köln, am Bahnhof, gebaut für drei geklaute Skelette, praktisch so eben mal rein zu Gott, wenn der ICE noch nicht fährt oder die S-Bahn nach Deutz. Dämmerdunkel, hoch hoch hoch die Deckenbögen, Kopf in den Nacken, so viele Fenster, aber buntes Licht hat es schwer im dämmrigen Dom, dunkel die Steine, die Pfeiler so dick, so hoch, zwingen den Blick nach oben, ich werde klein, es ist so alt, wie viele Menschen waren hier schon stolz auf ihre Arbeit? Entlanggehen zwischen den Bankreihen, langsam gehen, es wird geschoben, vorn Stufen und Abstand, hier darf nicht jeder überall hin, ein kleines Kreuz auf einem großen Steinblock, ich setze mich in eine der Reihen, ist das deine Kirche, Gott? Was tust du hier? Wo ist hier dieser ein bisschen irre Prediger aus Nazaret in Galiläa, was tut er hier in diesem ehemaligen römischen Truppenstützpunkt, wolltest du hier einen Dom haben, gefällt dir dein Haus?

Und wenn du hier bist, in deinem Haus, was machst du hier, du kennst die Säulen, die Pfeiler, du warst dabei, bei jedem einzelnen Stein, wie viele Menschen sind wohl gestorben auf dieser Baustelle? Und als die Bomben gefallen sind um den Dom herum, überall Trümmer aber die Türme standen noch, wo warst du, warst du dann hier im Dom oder warst du draußen, wo die Toten lagen, bei den Kampfpiloten, im Panzer bei den Soldaten, verstümmelt verblutet verbrannt, in den zerborstenen Steinen, den Säulen, bei den erstarrten Überlebenden, wo warst du Gott? Wo bist du in dieser Kirche, bist du noch da, und was mache ich hier, so viele Menschen und die vielen Kerzen, so viel Kummer und so viele Bitten auf so kleinem Raum, ein Euro pro Kerze und nur die vorgesehenen Ständer benutzen, flackernde Kerzchen aufgereiht, so viele.

Und wenn hier Menschen von dir sprechen, können sie dann auch über deine Trauer sprechen, deine unendlich große Trauer, wenn Menschen sich gegenseitig Leid antun, können sie davon sprechen, wie zärtlich du bist und wie zurückhaltend, darfst du jemand anders sein als immer nur Herr Herr, Herr erbarme dich, Herr aller Mächte, Herr unser Gott, Herr so groß dass auch diese Decke zu niedrig ist, ein Haus zum Anbeten, ist es auch ein Haus zum Suchen?

Und wenn ich dich hier drin suche, Gott, wo bist du dann? Sitzt du hier bei mir in der Bank, oder sitzt du gern auf dem Sims eines Bogenfensters ganz oben, bist du bei den Kerzenständern oder hockst du gar lieber draußen zwischen den vielen vielen Fialen auf dem Dach? Magst du die farbigen Fenster, sie zeigen Menschen in prächtigen Gewändern, so viel aktuelle Mode in der Kirche, nur eben nicht von heute, was erzählt dieses dein Haus von dir? Hörst du gern, was es von dir erzählt, hier so mitten in der Stadt, bist du damit einverstanden, dass hier nicht jeder überall hin darf, es ist so unbehaust hier, ist das um uns auf die Spur zu bringen, dass du eigentlich in Zelten zu Hause warst, dass du nicht so der gemütliche Typ bist, oder ist es doch, weil das Gebäude so schon regelt, wer herrscht und wer lehrt und wer hört und wer dient und dass es natürlich nicht ums Herrschen geht sondern ums Dienen, es geht immer ums Dienen, und am besten dient es sich ein paar Stufen über dem Rest der Leute.

Und wie viele Menschen mit versehrten Seelen sind schon durch diesen Dom gegangen, Seelen zerquetscht unter dem Gewicht deiner Kirche, wegen der Macht und weil der Schein so schön ist, prächtige Gewänder Kerzen Weihrauch goldene Kreuze, und nochmal Weihrauch, das vernebelt so schön den Blick. Menschen, die nichts gesagt haben, weil ihnen niemand geglaubt hätte, wo doch das Gewicht der Kirche gegen sie stand, der Kirche, die doch eigentlich da war wegen der Sehnsucht, dir zu begegnen, Gott, eine Kirche die sich nicht ändern soll, nicht ändern kann, weil du sie angeblich so wolltest, unveränderlich wie der Dom soll sie sein, nicht begriffen, was passiert, wenn das Gewicht der Kirche jemanden zerquetscht.

Und ich weiß nicht, ob du überhaupt noch in deiner Kirche zu finden sein kannst, und bin doch trotzdem hineingegangen in deinen Dom, Gott, praktisch so mal eben rein zu dir, wenn der ICE noch nicht fährt. Und ich weiß nicht, ob dieser Dom noch etwas mit dem zu tun haben kann, was ich glaube von der Welt, mit meiner Sehnsucht nach Farbe und Schönheit, aber er zwingt meinen Blick nach oben und ich schaue in buntes Licht, deine Farben Gott, deine Farben im dämmrigen Dom.

Und so vertraut der schwache Geruch nach Weihrauch und dein unbehaustes Haus um mich herum wie eine bergende Hülle, und natürlich könnte ich dich überall suchen, aber eine Adresse ist schon was Schönes, da weiß ich wenigstens, dass du ab und zu vorbeischaust und kann dir eine Nachricht dalassen, ich zünde ein Kerzchen an, ein Kerzchen für dich, Gott, mach's gut, wo du auch bist, ich stelle mir gern vor, dass du da oben auf dem Sims eines Bogenfensters bist, da wär ich auch mal gern, da haben Leute was gebaut nur für die Sehnsucht, die Sehnsucht nach dir,

Gott, wer du auch bist und wie du auch heißt und was dieser Dom auch mit dir zu tun hat, mach's gut, Gott, bis bald mal wieder, langsam nach draußen, es wird geschoben, ein freundlicher Blick und draußen blendet die Sonne, Amen.

Teil 3: Sich eine Gebetssprache zuwachsen lassen

Jesus, den Gekreuzigten, ins Gebet nehmen

Christusrufe

Gesegnet bist du uns, Jesus Christus,
zu uns gekommen im Namen Gottes-der-Ewigen:
du schöpfst aus einer Liebe, die größer ist als unser Leben.

Gesegnet bist du uns, Jesus Christus,
zu uns gekommen im Namen Gottes-der-Lebendigen:
du gibst den Verachteten ihre Würde,
den Ausgegrenzten Gemeinschaft, den Verlorenen eine Verheißung.

Gesegnet bist du uns, Jesus Christus,
zu uns gekommen im Namen Gottes-der-Heiligen:
du lebst aus einer Freiheit, die auch der Tod nicht besiegen kann.

Gesegnet bist du uns, Jesus Christus,
zu uns gekommen im Namen Gottes-der-Gerechten:
du stehst verlässlich und treu an der Seite der Unterdrückten.

Gesegnet bist du uns, Jesus Christus,
gekommen im Namen Gottes-der-Barmherzigen:
damit wir leben können als Menschen des Friedens.
Amen.

Kreuzweg

Achtung, dieses Kapitel enthält Gewaltschilderungen und deutet sexuelle Gewalt an.

Der Kreuzweg folgt den 14 traditionellen Stationen. An Stationen, denen kein Abschnitt aus dem Evangelium entspricht, werden als biblischer Text Abschnitte aus Psalm 22 verwendet, der die Folie für die neutestamentliche Darstellung des Sterbens Jesu bildet.

Station I –
Jesus wird zum Tode verurteilt

Lesung
Darauf sagt Pilatus: „Was soll ich nun mit Jesus, der Messias genannt wird, machen?“ Alle antworteten: „Er soll gekreuzigt werden.“ Pilatus jedoch sagte: „Was hat er denn Böses getan?“ Und sie schrien noch lauter: „Er soll gekreuzigt werden.“ Als Pilatus merkte, dass er nichts ausrichtete, der Aufruhr sogar schlimmer wurde, nahm er Wasser und wusch seine Hände vor dem Volk. Und er sagte: „Ich bin unschuldig am Blut dieses Menschen. Das ist eure Sache!“ und er ließ Jesus mit Geißeln schlagen und überstellte ihn, damit er gekreuzigt werde. (Mt 27,22–26)

Meditation

Es ist fast 2000 Jahre her. Er war einer unter vielen. Er starb, grausam hingerichtet, wie so viele andere – Wegkreuze gab es damals auch, an den Straßen, vor den Städten, nur waren sie keine Erinnerung an den einen, gesegneten Menschen Jesus aus Nazaret in Galiläa, sondern sie waren Gegenwart, und es erstickten an diesen Kreuzbalken Kleinkriminelle, Verbrecherinnen, Mörder, entflohene Sklavinnen, Aufständische, zur Abschreckung und um allen, die an ihnen vorbeikamen, ihren Platz in der Welt zu verdeutlichen: Das könnte auch euer Schicksal sein.

Wie viele Menschenleben sind seitdem vergangen? Wir Menschen sind nicht phantasieloser geworden, was Gewalt angeht. Und Gott-die-Gerechte lässt ihre Sonne aufgehen über Opfer und Täter, über Unterdrückte und Herrschende, über die Lenker der Geschichte, über die vielen Namenlosen, die unter ihre Räder geraten, und über die Kinder, die noch nichts wissen sollten von den Gewaltstrukturen dieser Welt.

Er war einer unter vielen. Er wurde verurteilt, aber die Verantwortung dafür wurde weitergereicht, keiner wollte zuständig sein – dafür war er auch nicht wichtig genug, und niemand war schuld.

Station II –
Jesus nimmt das Kreuz auf seine Schultern

Lesung

Und sie führten ihn auf die Straße hinaus, um ihn zu kreuzigen. (Mk 15,20)

Meditation
Wenn da kein Ausweg mehr ist
Wenn die Gewalt das letzte Wort behält
Wenn niemand rettet und nichts hilft
Wohin tragen dann meine Schritte?

Station III –
Jesus fällt zum ersten Mal unter dem Kreuz

Lesung
Ich aber, ein Wurm bin ich und kein Mensch,
Spott der Leute, verachtet vom Volk.
Alle, die mich sehen, verhöhnen mich,
verziehen die Lippen, schütteln den Kopf. (Ps 22,7–8)

Meditation
Er war einer unter vielen, und was er zu tragen hatte, war zu schwer. Die Gnade, aufgeben zu dürfen, wurde ihm nicht zuteil. Wir erinnern uns an ihn, an diesen einen in einer langen Reihe, jedes Jahr wieder. Und jedes Jahr sind so viele hinzugekommen, die sein Schicksal teilen, auf die eine oder andere Weise: Niedergedrückt, gedemütigt, misshandelt.

Station IV –
Jesus begegnet seiner Mutter

Meditation
Sie hieß Mirjam, das heißt: Bitterkeit. Oder auch: geliebt. Ihr Leben umfasste beides.
Ihr erstes Kind: ein Junge.
Sie gab ihm den Namen Jeschua, das heißt: Gott ist Rettung.

Er lernte von ihr den Glauben an Gott, einzig und treu, und die Hoffnung auf Gottes Gerechtigkeit.
Das Zerwürfnis war tief, als er ging, die Enttäuschung groß und das Unverständnis auch.
Ihr Lied trug noch so viele durch die Zeit, ihr Lied von Gottes Rettung und Gottes Treue, und von der Kraft des Lebens, an der sie teilhatte.
Ihr selbst blieb nur ihr Verstummen, ihr Mitansehen und das Weiterlebenmüssen über den Abgrund hinweg, den Abgrund des Entsetzens, der Ohnmacht und der namenlosen Trauer.
Und darin immer noch ein Klang ihres Namens: Bitterkeit. Und: Liebe.

Station V –
Simon von Cyrene hilft Jesus das Kreuz tragen

Lesung
Da kam Simon aus dem afrikanischen Zyrene, der Vater von Alexander und Rufus, vom Feld zurück und wollte vorbeigehen. Ihn zwangen sie, den Querbalken des Kreuzes für Jesus zu tragen. (Mk 15,21)

Meditation
Es ist egal, wie lange es her ist. Wir können uns nicht entziehen. Irgendwo lauert der Abgrund, irgendwo lauert die Frage, ob wir denn nichts, gar nichts tun können. Und natürlich können wir. Aber was, wenn das nicht reicht und wir maximal etwas lindern können? Den Lauf der Welt wird es nicht aufhalten, abgesichert durch Waffen und Übermacht, damals nicht und heute nicht. Wem nützt unsere Solidarität? Mittragen, ohne

helfen zu können – ist es das, was bleibt? Aber wie kann ich anders ein Mensch bleiben?

Station VI – Veronika reicht Jesus das Schweißtuch

Meditation
Ich suche dein Angesicht, du meine Gottheit,
ich schaue und erstarre und suche doch dein Angesicht,
dein Angesicht in all der Zerstörung,
dein Angesicht auf dieser Erde.
Ich suche dein Angesicht, du meine Gottheit,
wo nichts mehr trägt und nichts mehr bleibt,
suche ich deinen Blick,
der unergründlich hingeht über uns
und auf uns ruht für die Dauer der Tage.

Station VII – Jesus fällt zum zweiten Mal unter dem Kreuz

Lesung
Wie Wasser bin ich hingegossen,
alle meine Knochen fallen auseinander.
Mein Herz ist wie Wachs geworden,
geschmolzen in meinem Inneren. (Ps 22,15)

Meditation
Sie haben ihm nichts erspart. Wie schwer kann ein Gang sein? Unerbittlich und gleichgültig, als könnte niemand etwas daran ändern, sorgt sein Fall nur für eine kleine Verzögerung im Ablauf der Dinge, aus dem es keinen Ausweg geben wird, keine Rettung und keinen Trost.

Station VIII –
Jesus begegnet den weinenden Frauen

Lesung
Eine große Menge Volk folgte ihm, wobei die Frauen ihn beweinten und sich vor Trauer auf die Brust schlugen. Jesus wandte sich zu ihnen um und sagte: „Töchter Jerusalems, weint nicht über mich. Weint aber über euch und über eure Kinder!" (Lk 23,27–28)

Meditation
Weint über euch und eure Kinder,
darüber, dass sie euch anschauen werden und fragen, ob das wahr ist,
über die Schatten, die sich über sie legen werden,
wenn sie lernen, dass die Gerechtigkeit nur gelegentlich siegt,
und dass es Wunden gibt, die niemals mehr heilen.
Weint über euch und eure Kinder,
und wenn es auch nur dafür hilft, um als Berührbare Menschen zu bleiben

Station IX –
Jesus fällt zum dritten Mal unter dem Kreuz

Lesung
Ausgetrocknet wie eine Tonscherbe ist meine Kraft,
meine Zunge klebt an meinem Gaumen.
In den Staub des Todes legst du mich.
Hunde umkreisen mich, eine Meute von Bösen umgibt mich,
so wie ein Löwe meine Hände und meine Füße.
(Ps 22,16–17)

Meditation
Ich will nicht hinsehen, Gott,
ich weiß ja, was kommt,
ich will nicht hinfühlen
ohnmächtig und ausgesetzt,
ich will mich bei dir bergen
und an deine Nähe glauben,
an deine Treue
und deine Gerechtigkeit.

Station X –
Jesus wird seiner Kleider beraubt

Lesung
Und sie teilten seine Kleider unter sich, indem sie das Los darüber warfen. (Mt 27,35)

Meditation
Er war einer unter vielen, einer in einer langen Reihe, die bis heute nicht abreißt, Mädchen und Jungen, junge und erwachsene Menschen – Blicken ausgeliefert und preisgegeben, beschämt und verletzt bis tief unter die Haut. Gott, du unser Gott, würdest du doch umhüllen und schützen, die verwundeten Körper heilen und einen Schutzraum öffnen für die geschundenen Seelen. Siehst du hin, o Gott? Bietet dein Blick eine Zuflucht, bewahrst du die Würde der Entwürdigten?

Station XI –
Jesus wird ans Kreuz geschlagen

Lesung
Und sie kreuzigten ihn und setzten sich hin und beobachteten ihn dort. (Mt 27,35–36)

Meditation
Nie hätten wir gedacht, o Gott
Nie hätten wir gedacht, dass die Gewalt das letzte Wort behält
Wir sehen und begreifen nicht
Und ohne zu begreifen stammeln wir zu dir, oh Gott
Wir sehen die Gewalt und den unmenschlichen Schmerz
Und dein Schweigen liegt schwer über uns.

Station XII –
Jesus stirbt

Lesung
Um zwölf Uhr breitete sich eine Finsternis im ganzen Land aus bis um drei Uhr. Um drei Uhr schrie Jesus sehr laut: „Elo-i Elo-i lama sabachtani?" Das heißt übersetzt „Mein Gott, mein Gott, wozu hast du mich verlassen?" Und sein Lebensgeist verließ ihn. (Mk 15,33–35.37)

Meditation
Mein Gott, mein Gott, wozu hast du mich verlassen?
Ungehört verhallen lässt du meine Schreie.
Über mir dein leerer Himmel, dein Dunkel hinter allem
und im Schweigen nur ein fernes Echo deiner Stimme.

Aber du, du bleibst heilig, du wohnst in den Lobliedern Israels.
Wirst du wachen über mir?

Station XIII –
Jesus wird vom Kreuz abgenommen

Lesung
Als es Abend geworden war, kam ein reicher Mann von Arimatäa, mit Namen Josef, der auch ein Jünger Jesu geworden war. Er ging zu Pilatus und bat um den Leichnam Jesu. Da befahl Pilatus, ihn ihm zu geben. (Mt 27,57–58)

Meditation
Nun schweigt die Angst
Nun schweigt der Schmerz
sie lassen ab
nur Stille bleibt

Der Schmerz, die Scham
die Angst, die Not
vorbei, vorbei
nur Einsamkeit

Ich halte dich
und fühle nichts
vor diesem Schmerz
verstummt die Welt

Station XIV –
Jesus wird ins Grab gelegt

Lesung

Josef nahm den Leichnam, wickelte ihn in saubere Leinwand und legte ihn in seine neue Grabkammer, die er in den Fels hatte schlagen lassen. Er wälzte einen großen Stein vor die Tür des Grabes und ging davon. Maria von Magdala und die andere Maria saßen vor dem Grab. (Mt 27,59–61)

Meditation

Ich werde still angesichts des Vertrauens Jesu in die machtvolle Güte, die hinter dieser Welt steht, die alles trägt, was hier geschieht, diese machtvolle Güte, von der die Männer, die ihn ermordeten, keine Ahnung hatten. Diese machtvolle Güte, die gleichzeitig so undurchdringlich ist, weil sie dem Leid kein Ende bereitet. Ich möchte mich ausstrecken und etwas zu fassen bekommen, was ich nur schemenhaft ahne, etwas zu fassen bekommen von einer großen Ruhe, die jenseits aller Gewaltordnung liegt. Ich ahne, dass es eine Verbundenheit aus der Kraft des Lebens gibt, die tiefer reicht als alle Erklärungen und die tragfähiger ist als alle Macht und Gewalt auf dieser Welt. Dass es eine Verbundenheit im Leid wie im Heilsein gibt, die tiefer reicht als aller Zusammenbruch. Auch der schlimmste Todeskampf findet ein Ende. Und endlich, endlich ist dann alles vorbei, der Schmerz, die Angst, die Verzweiflung. Sie enden in einer großen Stille, während die unempfindliche Geschäftigkeit rund um den Hinrichtungsplatz herum weitergeht, als wäre nichts geschehen. Das ist die Schwelle, auf der wir stehen, und von der wir nicht wissen können, ob hinter dem Zusammenbruch noch eine Zukunft sein wird. Ich möchte glauben, dass sich hier, auf der Schwelle, in der Stille nach dem Todeskampf etwas zeigt von dieser großen Ruhe und unauslotbaren Güte, die weiter reicht als alles, was wir hoffen können.

Blicke und Schweigen

Eingangsgebet für heimatlose Katholik*innen

Sieh doch, Ewige, wie verdorrt ist, was uns einmal fragloses Zuhause war.
Du unsere Lebensquelle, mögest du doch noch da sein,
mögest du durch die Felsblöcke brechen,
unter denen dein Freiheitswort so verschüttet ist.
Sieh doch unseren Durst, unseren Durst nach dir trotz allem,
wenn wir versuchen, die Trümmer unserer Kirchenruinen
aus dem Weg zu dir zu räumen,
und komm uns entgegen, wenn wir auf dich zuzweifeln trotz allem. Amen.

Psalm zum Christkönigfest

Gott, du meine Gottheit, dich suche ich
Ich suche nach dir im Morgendunkel
    In meiner Ruhelosigkeit
    und den vielen unsicheren Wegen des Tages
König habe ich dich früher gerne genannt
König in Glanz und Licht
    Meine Worte sind leiser geworden,
    wenn ich tastend nach dir frage: ob du mein
    Heiland bist
Christfreund, Christschwester
Christfeminist
    Wenn ich frage
    Ob du an meiner Seite bist
Ich hülle mich in dein Schweigen
und warte, dass du mich findest
    dass du meiner Angst deine Krone aufsetzt
    und dein Licht aufgehen lässt über mir
Über uns, über dem Elend der Welt
und dem Himmel, der einmal dein Thron gewesen
ist
    wenn dein Blick auf mir liegt
    und dein Wehen über mich hingeht von
    weither. Amen.

Jeder Herzschlag

Jeder Herzschlag und jedes Sehnen, du meine
Gottheit,
jeder Atemzug wächst uns von dir her zu,

weil du die übersprudelnde Lebendigkeit bist
aus der alles Leben kommt.
Du umgibst und umhüllst
du bringst hervor, nimmst zurück und bewahrst,
jeden Herzschlag, jedes Sehnen und jeden Atemzug,
du Lebensfreundin, meine Schöpferin, du Unbezähmbare.
Und sieh hier, wir Menschen, sieh doch die Mauern
und die Sprachlosigkeiten
in unseren Gedankenkäfigen, die wir bauen für dich und für uns.
Du lässt dich nicht fassen, nicht hören, nicht wissen
und du schweigst uns zu über unsere Ohnmacht hinweg.
So nimm mich hinein in dein Schweigen,
du meine Lebensfreundin, Retterin, du Erbarmende,
und ich werde singen vom Leben, vom Sattwerden
und von deinem Blick über uns. Amen.

Psalmgebet nach Ps 90

Gott, du unsere Gottheit,
du unsere Zuflucht seit Menschengedenken,
deine Herrlichkeit strahlt über unseren Himmel.
Sie leuchtet über Sterne und Sonnenaufgänge,
und doch hast du diese Welt unter Schmerzen geboren,

und du kennst den Schmerz, der zum Leben gehört.
Gott, du unsere Gottheit,
wer kann sich dich vorstellen? Wir überschauen doch nur unser kurzes Leben
und wenn die Zukunft vor uns im Dunkel bleibt, so liegt deine Hand gar schwer über uns.
Du gebietest über Ewigkeiten, und doch behältst du
jeden Herzschlag und jeden Atemzug,
der uns durch unsere Lebenszeit trägt.
Wir sind wie verglühende Leuchtspuren in einer langen Nacht,
auf unserem jungen Planeten in einem riesigen All,
der uns vergessen wird, wenn unser Leben vergeht.
Du aber bewahrst uns in deiner Hand,
dein Wehen streicht über uns hin,
und deine Herrlichkeit, Ewige, wird glanzvoll aufgehen über uns.

Psalm zur Erdbebenkatastrophe in Syrien und der Türkei 2023

Ach, Gott.
Ach Gott, du meine Gottheit,
Wie kann ich heute beten,
Heute beten zu dir, auf sicherem Grund,
Beten über den Abgrund deines Zulassens hinweg,
Beten mit nur einer Ahnung von so viel Schmerz, der aufsteigt zu dir.
Wärst du doch ein schützender Fels gewesen,
Eine feste Burg, alle diese Menschen zu retten.

Und doch hat deine haltende Hand die Erde nicht beruhigt,
Hat beben und einstürzen lassen, Tonnen von Trümmern über all diesen Menschen.
Die Bilder verschwinden, das Leiden bleibt.
Weit weg für uns, so unfassbar das Elend der anderen.
Was wird am Grund der staubigen Trümmer bleiben
Von dir und von all diesen Menschen, deinen Kindern?
Wenn diese Erde kein sicherer Ort ist,
Wo finden unsere Seelen dann Ruhe?
So viel Schmerz, o Gott,
So unfassbar viel Tod und Leid und Zerbrochenes.
Mögest du doch eine Zuflucht bleiben,
Die Tränen sammeln, die Überlebenden halten,
Das Weiterleben erträglich machen
und die zerstörten Leben bewahren in Sicherheit, bei dir –
Wo auch immer du bist,
Du und dein Schweigen hinter allem. Amen.

Pfingstlied

Wo Gottes heil'ger Atem weht
da werden wir lebendig.
Sie, die uns durch die Zeiten trägt,
sie liebt uns unbedingt, unbändig.
Sie stürmt und jubelt, braust und singt
und hört das Wort, das suchend klingt,
die Geistkraft Gottes-der-Einen.

In Gottes mächt'ger Gegenwart
sind wir zum Leben verbunden.
In ihr, die uns schuf und uns bewahrt
ist alles Irrende gefunden.
Sie bringt das Neue in die Welt,
die uns herausruft und erhält,
die Geistkraft Gottes-der-Einen.

Wo Gottes Lebensglanz aufscheint
bleibt Hoffnung unauslöschlich.
Wir sind gesehen, sind gemeint:
Sie hält die Treue unverbrüchlich.
Ihr Lebensruf hält uns im Sein,
was stirbt, trägt sie ins Licht hinein,
die Geistkraft Gottes-der-Einen.

(Singbar auf die Melodie von „Der Geist des Herrn erfüllt das All", Gotteslob 347)

Segen der Verwundbarkeit

Auch unter dem Segen Gottes-der-Ewigen
bleiben wir verwundbare Wesen
verletzlich und ungeschützt
    Keine Panzerung, die uns abschirmt
    wir bleiben berührbar
    zerbrechlich und ausgesetzt
Und doch ist da ein Blick,
der auf uns liegt,
und eine Lebenskraft, die uns durchwirkt
    das Gegenwartsgespinst Gottes-der-Ewigen,
    die ihren Segen über euch breite
    und euch bewahre für die Dauer der Tage.

Gesegnete Schritte

Gesegnete Schritte:
wenn du dich vortastest trotz so viel Angst
so viel Angst vor einem falschen Schritt
wenn dir die Zukunft entgleitet
und jeder der vielen Tage so lang und mühsam ist

Gesegnete Schritte:
wenn die dunkle Schwere sich manchmal löst
und du noch da bist, noch getragen, noch gesehen
wenn du Atem holst
und Gott-die-Ewige dir entgegenkommt

Gesegnete Schritte werden dich tragen
bis Gott-die-Ewige ihr Licht aufgehen lässt über dir
über den Horizont und weiter und weiter
und du unter ihrem Himmel zu Hause sein kannst
für die Dauer der Tage.

Segen nach einer schwierigen Woche

Was vermag wohl dein Segen, du meine Gottheit?
Abgründig bleibst du,
abgründig unsere Welt und ach so voller Gegensätze,
Seligkeit und namenlose Trauer,
ineinander verschlungen, die eine nicht ohne die andere,
so lange die Erde besteht.

Was vermag wohl dein Segen, du meine Gottheit,
wenn du nichts ungeschehen machst,
und die Dinge geschehen, als sähest du nicht,
was vermag wohl dein Segen,
dein Segen zum Weiterleben,
ist er ein Segen, der bewahrt, irgendwie und trotz allem?

Kannst du das sein:
Ein Segen für die ungesagte Liebe,
ein Segen für die Angst,
ein Segen für das Leben unter so viel Trauer,
ein Segen für das Leben mit Schuld,
ein Segen für das Leben, das irgendwie weitergeht?

Ich will mich festhalten an deiner Treue, du meine Gottheit,
und dabei nicht zuschanden werden,
in der Hoffnung auf dein Wort und deinen Segen trotz allem,
dass deine Hand, die gar so tief reicht,
uns doch halten wird, über den Abgrund hinweg
und bis in deinen Glanz hinein, wenn dein Tag uns entgegenkommt.

Und der Segen Gottes, die in allem mächtig bleibt,
bleibe bei euch und bewahre euer Leben. Amen.

Pfingstsegen

Im Atem gebetet
im Schweigen geträumt
im Singen umarmt

Im Erinnern bewahrt
im Wiedersehen gefeiert
im Verstehen verkostet

In Ohnmacht entbehrt
vor Unrecht angeklagt
in Trauer geweint

Im Festhalten entglitten
im Hoffen erahnt
im Glauben geschenkt

Unnennbar heilige Gegenwart Gottes
bleibe bei euch
und segne euer Leben

Amen.

Nachtgebet

Wenn du heute Abend vorbeikommen würdest, Gott, dann würden wir uns am offenen Fenster auf die Fensterbank setzen und uns eine Zitronenlimonade teilen. Wir würden hinaussehen, während es im Zimmer hinter uns allmählich dunkel würde, und den Geräuschen von draußen zuhören, und du würdest mich fragen, wie mein Tag war. Dann würde ich dir von dem toten Vogel am Rand vom Fahrradweg erzählen, von der Wildblumenwiese an einer Bauminsel, eine unerwartete Pracht, vom Gespräch mit der neuen Kollegin und davon, dass wir eine richtig gute Teamsitzung hatten. Dann würde ich still werden und du würdest mich von der Seite ansehen, und vielleicht würde ich dir dann erzählen, wie schwer mir das Herz ist, weil ich einen Freundschaftskummer habe, und von meiner Angst auch, und du würdest mir wortlos ein Taschentuch rüberreichen. Und nach einer Weile würdest du mir vielleicht etwas erzählen davon, wie du die Welt ins Dasein gerufen hast, wie du Farben und Licht entstehen ließest, und Töne, und wie sehr du dich gefreut hattest, zum ersten Mal Menschen singen zu hören. Deine Stimme wäre tröstlich, und das Herz würde mir etwas leichter, und meine Traurigkeit würde sich mischen mit dem Wissen, dass du da bist, dass du nicht aufhören wirst, da zu sein, dass ich in deiner Nähe nichts erklären muss und dass es gut tut, wenn du mich ansiehst. Dann würden wir schweigen, und nach einer Weile würde ich zu einer Frage ansetzen, und du würdest leicht den Kopf schütteln.

Wenn du heute Abend vorbeikommen würdest, Gott, dann würden wir den Stimmen der Leute unten auf der Straße zuhören, und ich würde dir alle Namen sagen von Menschen, von deren Ängsten und Traurigkeiten ich weiß, und du würdest mir davon erzählen, wie das Leben in der Tiefsee pulsiert und wie viele Kleinsttierchen in einer Handvoll Erde zu finden sind, und ich würde dich fragen, wie du das aushältst, all dieses Leben in dir zu halten, und ob dir das nicht manchmal schwer ist. Ach Herzchen, würdest du sagen, und ich würde uns noch eine Zitronenlimonade holen, und dann würde ich dir erzählen, wie oft ich meinen Kindern „Der Mond ist aufgegangen" vorgesungen habe, und du würdest sagen, dass du das noch gut weißt.

Wenn du heute Abend vorbeikommen würdest, Gott, dann würde ich mir wünschen, dass es so bleiben möge, und du würdest sagen, ob ich nicht bald schlafen gehen würde, und dass der Morgen neues Licht und neue Gedanken bringen wird. Ich würde dich fragen, ob du noch eine Weile da bleibst, und du würdest sagen, natürlich, und wir würden die Limonade austrinken und in den Himmel schauen, bis der Abend mich frösteln ließe und ich das Fenster schließen würde.

Wenn du heute Abend vorbeikommen würdest, Gott, dann würde ich dir sagen, dass ich froh bin, dass du da warst, und du würdest lächeln und mir eine gute Nacht wünschen, und ich würde an all die vielen Menschen denken, die in dieser Nacht sterben werden, und mich deinem Morgen überlassen. Und ich würde später einschlafen mit einer Ahnung von deiner Weite um mich herum, und auch wenn ich mich nicht mehr an meine Träume erinnern könnte, hinge noch eine Erinnerung an den Abend in der Luft, wenn das Licht ins Fenster scheint und ich mich daranmache, den neuen Tag in mein Leben zu lassen.

Und es wäre mir ein Trost, dass der Morgen dir ebenso gehört wie der Abend, und dass du dann wieder auf mich warten wirst. Amen.

Fallende Sterne

Hütepsalm gegen den Krieg

Meine Hirtin, ich warte auf dich,
Auf deinen Aufgang, wenn ich höre und lese und nicht begreife
Dass heute möglich ist, was eine ferne Vergangenheit zu sein schien,
Nachrichten aus einer anderen Zeit der körnigen Schwarz-weiß-Bilder des Krieges.
Meine Hirtin, wirst du bei den Flüchtenden sein und sie unter deinem Mantel bergen?
Wirst du zusammenführen, die zerstreut werden in die Exile Europas?
Wirst du ihre und unsere Ohnmacht mit deiner Stärke füllen
Und der Friedfertigkeit das letzte Wort geben?
Wenn Gewalt geschieht, als wäre niemand unter einem leeren Himmel, alles zu sehen,
Bist du dann noch da und wendest dich gnadenvoll denen zu, die auf ein Ende der Gewalt setzen?
Wolltest du doch den Gewalttätern in den Arm fallen
die Waffen zum Schweigen bringen und die Saat der Gewalt mitsamt ihren Wurzeln ausreißen.
Würdest du uns beieinander finden lassen, was wir von dir erhoffen,
Freundlichkeit, Zuversicht und Wahrhaftigkeit,
Würdest du alle verstummen lassen, die dich auf ihre Seite ziehen wollen,

Als wären wir nicht alle deine Kinder, Söhne,
Töchter, Kinder des Lebens.
Meine Hirtin, bleibst du bei uns?
Und wenn du bei uns bleibst, lehrst du uns dann
das Leben in deinem Frieden,
Geduldig und unbeirrt?
Du unsere Trösterin, rettest du uns vor unseren
Möglichkeiten?
Meine Hirtin, ich warte auf dich,
auf dich und auf deinen Aufgang bei uns. Amen.

Dieser Psalm stammt aus: Katrin Brockmöller / Aurica Jax (Hg.), Frauen beten. Ein Camino.Buch aus der*

Weihnachtspsalm

Ich warte auf die Nacht, du meine Gottheit
Die Nacht, die du durchdringst
Ich warte auf deine Nacht, du Ewige
Die Nacht, die du durchwachst
An Grenzen, in Trümmern, in Zelten
Auf Intensivstationen und überall, wo jemand fehlt
Ich warte auf die Nacht, du Ewige
Die Nacht, die du mit uns durchwachst
Wenn die Stille nach der Not der Geburt
Uns mit ihrem Frieden umfängt
Ich warte auf deine Nacht, du Ewige
Und dass sich dein Glanz über uns legt,
Wenn wir in den Himmel schauen, der allmählich
heller wird
Und du bei uns deinen Anfang nimmst. Amen.

Von Aufgang zu Aufgang

Tiefes Schweigen umfängt das All
Hallt von Stern zu Stern
Von Mond zu Mond
Zu Staub

Der Morgen weiß nichts von der Schwere der Nacht
Noch von deinem Wort über uns
Wenn die Planeten sich drehen
Von Aufgang zu Aufgang

Tiefes Schweigen hallt nach
Wenn ein Stern stirbt
Und eine Welt zerfällt
In dein Wort

Und im Schweigen deine Stimme
Und dein Segen im Staub
Der uns zusammenhält
Von Aufgang zu Aufgang.

Zum Eröffnungsvers des zweiten Sonntags nach Weihnachten: *„Als tiefes Schweigen das All umfing und die Nacht in ihrem Lauf die Mitte erreicht hatte, sprang vom Himmel, vom Sitz der Macht her, dein allmächtiges Wort …" (Weish 18,14f)*

Weißt du noch, Gott, als du jung warst? Du hattest dir den Mantel aus Licht angelegt, ein ganzes Universum als dein Kleid in vielen vielen Falten, glänzend und strahlend, funkelnd und klar, dein Kleid, Gott – dein Kleid, als du jung warst. Nun bist du alt geworden, alt ist das Licht, aber es funkelt noch milliardenfach, und wir verlieren uns in den Linien, wenn du dich drehst. Wir haben hier auf der Erde ja Licht, das noch jung ist, wenn es unsere Welt in Farbe taucht, aber im dunklen Himmel braucht das Licht lang, und wenn wir an ihm zurückschauen könnten, dann würden wir vielleicht den Saum deines Gewandes zu fassen bekommen, aus der Zeit, als du noch jung und voller Erwartung warst. Ob du uns schon gesehen hast, damals?

Ich schaue in den Himmel und denke, ob alle Sternkarten wohl deine Fotoalben sind, ob du sorgsam die Seiten umblätterst und über die Bilder streichst, ob du den Sternen beim Sterben zusiehst und dann den Staub in deine Hand sammelst? Ob du dabei bist, wenn immer wieder Sterne geboren werden, hervorgehen und aufleuchten auf deinem Kleid, als hätte es sie schon immer gegeben? Ob du uns siehst, durch die Milliarden Galaxien hindurch, und was bist du für eine Art Göttin, dass Milliarden Galaxien für dich möglich sind und wir damit immer noch nur dein Gewand erahnen können? Du webst Sternenstoff, du webst und du nähst und du schaust, und wir sehen in den Himmel und fühlen, wie weit der Raum sich über uns spannt, wir versuchen immer neue Teleskope zu bauen, um besser sehen zu können, und erreichen doch nicht mehr als kurz am Zipfel deines Kleids zu zupfen …

Wir schauen in die Tiefe des Raums, um auch in die Tiefe der Zeit zu blicken, in die Zeit, als du noch jung warst, abenteuerlustig und risikofreudig. Damals hast du uns diese Welt überlassen, und vielleicht neigst du manchmal deinen Kopf, um uns zuzusehen, um zu sehen, was wir so machen in unserem kleinen Sonnensystem, wenn wir unsere Galaxie als Milchstraße über uns bestaunen. Du siehst unsere Erde nun schon von weitem funkeln, wir sind nicht mehr so dunkel wie früher, wir leuchten jetzt selbst durch unser Sonnensystem, du kannst uns sehen durch die Nacht des Universums hindurch. Und vielleicht drehst du uns ja staunend in der Hand, besiehst dir diese unsere Welt gründlich rundherum, bevor du uns sorgsam wieder in den Falten deines Gewandes verstaust. Und wenn du uns sehen kannst, dann kannst du auch sehen, wie wir die Nacht zum Tag machen und wie wir dich suchen zwischen den Sternen.

Wir bestaunen dein Kleid wie Kinder, die die Schmuckschachtel ihrer Großmutter durchsuchen dürfen, die die Ketten und Ringe hervorholen und sich doch nicht vorstellen können, dass ihre Großmutter einmal eine junge Frau gewesen sein soll, die sich schön gemacht hatte zum Tanz, eine Perlenkette um den Hals und Ringe an den Fingern, eine junge Frau, die sich zur Musik drehte und dabei wusste, dass noch viel Liebe und viel Leben vor ihr liegen würden, die tanzte mit all der Liebe und all dem Leben in sich, leicht und frei und ohne einen Gedanken an alles Schwere, das sie doch auch noch zu tragen haben würde.

Wenn der Himmel dein Kleid ist, Gott, funkelnd und strahlend, und uns daran erinnert, dass du einmal jung und arglos warst, dass du einfach nur leben wolltest, und wenn wir mit dir das alte Fotoalbum anschauen, und uns von dir erzählen lassen, wie alles anfing, wie wir schon dabei waren und doch nichts wussten davon, dass es uns gibt, dass es dich gibt und dass du uns großziehen würdest, bis wir uns aufmachten und die Welt eroberten, wenn wir auf deinen Knien sitzen und immer wieder die alten Geschichten hören wollen, wie alles anfing, und wenn du geduldig immer wieder erzählst, wie du die Sterne blitzen ließest und wie du dir aus Nacht und Licht ein Kleid gemacht hattest, um uns darin zu bergen und uns mitzunehmen, wenn du tanzen gingst, wenn der Himmel dein Kleid ist und wir mit dir das Sternen-Fotoalbum anschauen, dann lehnen wir uns zurück an deine Brust und vielleicht legen wir dann unseren Kopf an deinen Arm und wir schlafen ein …

Und im Traum sehen wir den Himmel unseres Herzens und dass dein Licht darin aufscheint, ein kleiner Stern oder eine gewaltige Supernova, dein Licht, dein Aufgang und dein Untergang. Und dann schauen wir im Traum zurück in die Zeit, sehen deinen Stern aufgehen, wie ihn Bileam sah von Ferne, Bileam, der weissagte über Israel, obwohl er ein Fremder war, Bileam, der seine Eselin dreimal geschlagen hatte, weil sie deinem Engel ausweichen wollte, deinem Engel der Bileam getötet hätte, wäre die Eselin nicht gewesen – und Bileam weissagte also über Israel: Ich sehe ihn, aber nicht jetzt, ich erblicke ihn, aber nicht nah – ein Stern geht auf in Jakob und ein Zepter erhebt sich aus Israel. So weissagte Bileam, und so blieb der Stern nachher über dem Haus in Betlehem stehen, blieb stehen ohne das Haus in Schutt und Asche zu legen, wie es normal gewesen wäre, kaum auszudenken. Aber gegen alle Wahrscheinlichkeit leuchtete der Stern nur und das Kind wuchs heran und wurde ein Messias – einer, der von Licht und von Wärme erzählte und davon, wie Gott tanzt, zärtlich und zugewandt. Und als der Tanz lange vorbei ist, hören wir nur noch ein leeres Echo seiner Stimme, gesprochen von einander gleichenden alten Männern ohne Freude im Blick, fremde Machtworte ohne Wärme, Brot das nicht satt macht, Musik ohne Klang, und es bleibt nur eine schmerzliche Erinnerung, wie es hätte sein können, vielleicht ...

Der Stern aber wurde nie mehr gesehen, er hat den Dingen ihren Lauf gelassen, und vielleicht ist er weitergezogen zu anderen Galaxien, ein Stern unter deinen vielen, ein Stern wie kein anderer, ein Stern, der heute noch umhergetragen wird, ein Stern, der niemandem den Weg weist, und was für ein Weg sollte das auch sein, denn wir winden uns wie Leuchtspuren durch eine lange Nacht und mitten in der Nacht stirbt ein Stern, und eine Welt zerfällt, zerfällt und zerfällt und zurück bleibt nur Schwärze, und eine Ahnung, dass da einmal etwas war, eine Botschaft, ein Wort, eine Stimme, und dass da eine Hand sein wird, die alles hält.

Und wir wachen auf, wenn du uns behutsam von dir löst, und wir schauen dir schlaftrunken zu, wie du deinen Schmuck wieder sorgsam verstaust und das Fotoalbum bedächtig schließt, wir schauen dir zu und wissen, dass dein Stern über den Himmel unseres Herzens leuchtet, wir wissen nicht, wie viel Sternlein stehen, aber wir wissen, dass du da bist, dass du nicht aufhören wirst, da zu sein, dass aus Chaos Sterne geboren werden und dass sie ins Chaos zurückstürzen, und dass du da sein wirst, dass ihr Licht uns Lebenden nicht den Weg zeigt, doch dass dein Licht an finsteren Orten scheint, bis der Tag anbricht und der Morgenstern aufgeht in unserem Herzen, denn du kennst unsere unruhigen Träume und bleibst unseren Ängsten nah. Und wenn wir aufgehört haben werden zu sein, dann wirst du uns zusammensammeln, du wirst uns halten und uns mitnehmen in deine Zukunft hinein, wo deine Sterne für uns leuchten und deine Stimme uns hält ... und wir schauen dich an, solange es noch etwas zu sehen gibt, und wir lassen uns von dir wiegen und erahnen nur, wie der Himmel sich über uns breitet, wenn wir wieder einschlafen – wir werden uns nur schwach erinnern an einen Geruch, an eine Bewegung, an eine Weite, wenn dein Gewandsaum uns streift beim Aufwachen, aber wir werden in einer Sicherheit sein, die wir uns nicht selber geben können, und geborgen sein unter einem großen Himmel voller Licht und wir werden staunen und schauen und immer weiter schauen und dann werden wir aufatmen – Amen.